plurall

Parabéns!
Agora você faz parte do **Plurall**, a plataforma digital do seu livro didático!
Acesse e conheça todos os recursos e funcionalidades disponíveis para as suas aulas digitais.

Baixe o aplicativo do **Plurall** para Android e IOS ou acesse **www.plurall.net** e cadastre-se utilizando o seu código de acesso exclusivo:

AASBX2ASQ

Este é o seu código de acesso Plurall.
Cadastre-se e ative-o para ter acesso aos conteúdos relacionados a esta obra.

@plurallnet

@plurallnetoficial

SOMOS EDUCAÇÃO

PORTUGUÊS: LINGUAGENS

2

William CEREJA
Professor graduado em Português e Linguística e licenciado em Português pela Universidade de São Paulo (USP)
Mestre em Teoria Literária pela Universidade de São Paulo (USP)
Doutor em Linguística Aplicada e Análise do Discurso pela Pontifícia Universidade Católica de São Paulo (PUC-SP)
Professor da rede particular de ensino em São Paulo, capital

Carolina Dias VIANNA
Professora graduada e licenciada em Português pela Universidade Estadual de Campinas (Unicamp-SP)
Mestra em Linguística Aplicada pela Universidade Estadual de Campinas (Unicamp-SP)
Doutora em Linguística Aplicada pela Universidade Estadual de Campinas (Unicamp-SP)
Professora das redes pública e particular de ensino em São Paulo e Minas Gerais

Paula BARACAT De Grande
Graduada e licenciada em Letras pela Universidade Estadual de Campinas (Unicamp-SP)
Mestra em Linguística Aplicada pela Universidade Estadual de Campinas (Unicamp-SP)
Doutora em Linguística Aplicada pela Universidade Estadual de Campinas (Unicamp-SP)
Professora no ensino básico e no ensino superior em São Paulo e no Paraná

Atual Editora

Editora Saraiva

Presidência: Mario Ghio Júnior

Vice-presidência de educação digital: Camila Montero Vaz Cardoso

Direção editorial: Lidiane Vivaldini Olo

Gerência de conteúdo e design educacional – Soluções completas: Viviane Carpegiani

Edição: Fernanda Vilany, Mônica Rodrigues de Lima e Paula Junqueira

Preparação de texto: Noé Gonçalves Ribeiro

Planejamento e controle de produção: Flávio Matuguma (ger.), Juliana Batista (coord.), Vivian Mendes (analista) e Suelen Ramos (analista)

Revisão: Letícia Pieroni (coord.), Aline Cristina Vieira, Anna Clara Razvickas, Brenda T. M. Morais, Carla Bertinato, Daniela Lima, Danielle Modesto, Diego Carbone, Kátia S. Lopes Godoi, Lilian M. Kumai, Malvina Tomáz, Marília H. Lima, Paula Rubia Baltazar, Paula Teixeira, Raquel A. Taveira, Ricardo Miyake, Shirley Figueiredo Ayres, Tayra Alfonso e Thaise Rodrigues

Arte: Fernanda Costa da Silva (ger.), Catherine Saori Ishihara (coord.), Meyre Diniz e Veronica Yuri Onuki (edição de arte)

Diagramação: Arte4

Iconografia e tratamento de imagem: Roberta Bento (ger.), Claudia Bertolazzi (coord.), Cristina Akisino (pesquisa iconográfica) e Fernanda Crevin (tratamento de imagens)

Licenciamento de conteúdos de terceiros: Roberta Bento (ger.), Jenis Oh (coord.), Liliane Rodrigues, Raísa Maris Reina e Cristina Akisino (analistas de licenciamento)

Ilustrações: Adolar, Alexandre Matos, Biry Sarkis, Carolina Sartório, Clarissa França, David Martins, Edson Farias, Felipe Câmelo, Filipe Rocha, Giz de Cera, Ilustra Cartoon, Jean Galvão, Petra Eister, Roberto Weigand e Vanessa Alexandre

Design: Erik Taketa (coord.) e Talita Guedes da Silva (proj. gráfico e capa)

Foto de capa: Gelpi/Shutterstock, Anastasia Hum/Shutterstock e Alexandre Beck/Acervo do cartunista

Avenida Paulista, 901, 6º andar – Bela Vista
São Paulo – SP – CEP 01310-200
http://www.somoseducacao.com.br

Dados Internacionais de Catalogação na Publicação (CIP)

Cereja, William Roberto
Português linguagens 2º ano / William Roberto Cereja, Carolina Dias Vianna, Paula Baracat De Grande. - 8. ed. - São Paulo : Atual, 2021.

Suplementado pelo manual do professor
Bibliografia
ISBN 978-85-5769-234-3 (aluno)
ISBN 978-85-5769-239-8 (professor)

1. Língua portuguesa (Ensino fundamental) I. Título II. Vianna, Carolina Dias III. De Grande, Paula Baracat

21-1310 CDD 372.6

Angélica Ilacqua – Bibliotecária – CRB-8/7057

2021
8ª edição
1ª impressão
De acordo com a BNCC.

Impressão e acabamento

Oceano Indústria Gráfica e Editora Ltda
CNPJ: 67.795.906/0001-10
Rua Osasco, 644 - Rod. Anhanguera, Km 33
CEP 07753-040 - Cajamar - SP

Uma publicação SOMOS EDUCAÇÃO

APRESENTAÇÃO

CARO ESTUDANTE:

NÓS, AUTORES, ESCREVEMOS ESTE LIVRO PENSANDO EM VOCÊ.

VOCÊ QUE NÃO PASSA UM DIA SEM PERGUNTAR "POR QUÊ?".

VOCÊ QUE GOSTA DE BRINCAR, DE APRENDER, DE TROCAR IDEIAS COM OS AMIGOS SOBRE MIL ASSUNTOS, DE DAR OPINIÕES SOBRE TUDO...

VOCÊ QUE ESTÁ COMEÇANDO A PERCORRER O CAMINHO DAS PALAVRAS ESCRITAS E SE ENCANTA COM AS BONITAS HISTÓRIAS QUE OS LIVROS CONTAM, COM OS SONS DAS PALAVRAS NOS VERSOS E NÃO DISPENSA UMA HISTÓRIA EM QUADRINHOS.

VOCÊ QUE SE "LIGA" NO MUNDO, GOSTA DE LER, DE ESCREVER, DE OUVIR MÚSICA, DE ASSISTIR À TELEVISÃO E A FILMES E NÃO PERDE A OPORTUNIDADE DE NAVEGAR NA INTERNET.

E TAMBÉM VOCÊ QUE, CHEIO DE VIDA E IMAGINAÇÃO, ADORA PARTICIPAR DE UM TRABALHO DIFERENTE COM A TURMA: BRINCAR DIFERENTES TIPOS DE BRINCADEIRA, PRODUZIR UM LIVRO DE HISTÓRIAS, DESENHAR UMA HISTÓRIA EM QUADRINHOS, FAZER TEATRO DE FANTOCHES, DECLAMAR POEMAS, CANTAR, PESQUISAR SOBRE ASSUNTOS VARIADOS, MONTAR UMA EXPOSIÇÃO, ETC., ETC.

ESCREVEMOS ESTE LIVRO PENSANDO EM VOCÊ, QUE GOSTA DE SE COMUNICAR E, POR MEIO DA LEITURA E DA ESCRITA, PRETENDE APERFEIÇOAR SUA CAPACIDADE DE INTERAGIR COM AS PESSOAS E COM O MUNDO EM QUE VIVE.

UM ABRAÇO,
OS AUTORES

PARA TODOS OS PROFESSORES
E PROFESSORAS QUE
COMPARTILHAM O SONHO DE
EDUCAR E TRANSFORMAR.

AGRADECIMENTOS

AGRADECEMOS, COM UM CARINHO ESPECIAL, A NOÉ G. RIBEIRO, QUE EDITOU ESTA OBRA COM EMPENHO INCOMUM E COM INDISPENSÁVEIS SUGESTÕES; A MÔNICA RODRIGUES DE LIMA, PAULA JUNQUEIRA E FERNANDA VILANY, PELO APOIO INCONDICIONAL; A CRISTINA AKISINO, PELA CUIDADOSA E CRIATIVA PESQUISA ICONOGRÁFICA. E A TODOS OS PROFESSORES DO PAÍS QUE NOS ENVIARAM SUGESTÕES E CRÍTICAS.

SUMÁRIO

UNIDADE 1

MEU MUNDO

Você com certeza tem preferências pessoais: gosta de um ou mais tipos de música, acompanha alguns artistas e bandas, curte determinados personagens de histórias em quadrinhos, além de diferentes brincadeiras, livros, filmes ou desenhos animados. Saber mais sobre o gosto dos nossos amigos nos permite perceber o que temos em comum com eles e também descobrir um mundo novo, que nem imaginávamos existir! Vamos nos conhecer melhor, compartilhando aquilo de que gostamos?

Jean Galvão/Arquivo da editora

Na minha pele

Ninguém vê
O que eu vejo
Faz
O que eu faço
Sente
O que eu sinto
Porque eu
Sou eu
De pedaço
Em pedaço.
Ninguém veste
A pele que eu visto
Por isso
eu sou eu
E apenas eu
Desde que existo.

(Sérgio Capparelli. *111 poemas para crianças*. Porto Alegre: L&PM, 2019. p. 68.)

DIVIRTA-SE... E FIQUE POR DENTRO!

FILMES

Reprodução/Sony Pictures Animation

- Trilogia *Hotel Transilvânia*, de Genndy Tartakovsky.
  Embora tenham os próprios jeitos de ser, os monstros e os seres humanos também podem ter muito em comum!
- Veja também outros personagens que passaram a se conhecer melhor nos filmes *Bee Movie — A história de uma abelha*, de Simon J. Smith e Steve Hickner; *Divertida Mente*, de Pete Docter; *Frozen — Uma aventura congelante*, de Jennifer Lee e Chris Buck; e *Toy Story 4*, de Josh Cooley.

SITES

© Mauricio de Sousa/Mauricio de Sousa Editora Ltda.

- Informe-se sobre o projeto "Donas da rua", dos Estúdios Mauricio de Sousa, que incentiva as meninas a ser o que quiserem, considerando as preferências delas: http://turmadamonica.uol.com.br/donasdarua/projeto.php.
- Descubra olhares diversos sobre a infância no Brasil no *site*: http://www.memoriasdofuturo.com.br/.
- Conheça os gostos e as preferências de crianças indígenas visitando o *site*: https://mirim.org/.

LIVROS

Vá à biblioteca da escola ou à biblioteca do bairro ou da cidade onde você mora e veja se os livros indicados a seguir estão disponíveis para empréstimo. Se não estiverem, selecione outros sobre o tema desta unidade.

- *Cada um com seu jeito, cada jeito é de um!*, de Lucimar Rosa Dias (Alvorada).
- *Maria vai com as outras*, de Sylvia Orthof (Ática).
- *Do jeito que você é*, de Telma Guimarães (Formato).
- *Quem sou eu?*, de Giani Rodari (Salamandra).

Reprodução/Editora Ática

MÚSICAS

- "Menina moleca", de Paulo Tatit e Zé Tatit.
- "Ciranda da bailarina", de Chico Buarque.
- "Só eu sou eu", de Marcelo Jeneci.
- "Ser diferente é normal", de Vinicius Castro.

Reprodução/YouTube

OFICINA DE CRIAÇÃO

PROJETO: CAMPANHA *EU SOU ASSIM!*

Ao final desta unidade, participe com os colegas da organização de uma campanha sobre o respeito ao jeito de ser de cada um, divulgando os resultados das pesquisas feitas em sala de aula, expondo os cartazes e as cartas produzidos por vocês e apresentando as canções e os poemas lidos.

Giz de Cera/ Arquivo da editora

CAPÍTULO 1

MEU AMADO E FAVORITO

LEITURA DE IMAGEM

Existem diversos tipos de evento que permitem prestigiar nossos artistas favoritos. Veja a fotografia a seguir.

Divulgação/Pequeno Cidadão

Apresentação do grupo musical Pequeno Cidadão.

1 A fotografia registra um evento artístico.

a) O que fazem os artistas que se apresentam no palco?

b) Como são as roupas desses artistas?

c) Os artistas são adultos ou crianças?

2 Observe alguns elementos que compõem o cenário desse evento.

a) O que há no fundo do palco?

b) Quais são os objetos suspensos, pendurados no teto?

3 Há algumas letras em pé, à frente do palco.

a) Quais são as palavras que elas formam? O que essas palavras representam no evento?

b) Quais das palavras a seguir foram escritas usando apenas as letras que estão no palco? Circule-as:

AQUELA QUEDA GRANDE CIDADE

PÃO PIANO POSTE

4 Troque ideias com os colegas e o professor:

a) Além dos artistas que aparecem na fotografia, quem mais está presente nesse evento?

b) Quem é o público desse evento?

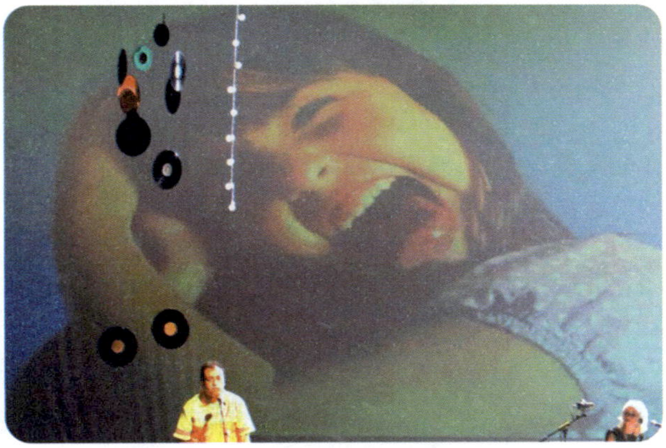

Divulgação/Pequeno Cidadão

5 Outros tipos de evento podem ser realizados em espaços como o retratado na fotografia.

a) Que lugar é esse?

b) O que mais há nesse lugar, além do palco?

c) Que outros eventos podem ser realizados nesse lugar?

d) Você já foi a um lugar como esse? Se sim, conte para os colegas aonde você foi e o que viu.

6 Na fotografia aparecem alguns instrumentos musicais. Relacione os instrumentos a seguir ao nome correto.

lem/Shutterstock

GUITARRA

AlexMaster/Shutterstock

TECLADO

Kuz_com/Shutterstock

BATERIA

7 Você viu que os artistas se apresentam em um palco.

a) Você já se apresentou em um palco? Conte para os colegas.

b) Se você fosse se apresentar em um palco, o que gostaria de fazer? Por quê?

TROCANDO IDEIAS

Na seção anterior, você viu a fotografia de um *show* musical realizado em um teatro. Um *show* musical pode ser apresentado em diferentes locais, como praças, parques, palcos ao ar livre.

1 Você já foi a um *show* musical? Onde?

2 Quais são os seus grupos musicais favoritos?

REFLEXÃO SOBRE A LINGUAGEM

DE OLHO NA LEITURA E NA ESCRITA: O ALFABETO, AS VOGAIS E AS CONSOANTES

Na leitura de imagem, você identificou as letras que estavam no palco e compunham o nome do grupo musical que se apresentava. Reveja:

Divulgação/Pequeno Cidadão

1. Reescreva o nome do grupo com a sua letra.

2. Agora, escreva o nome de um dos seus grupos musicais favoritos.

Para escrever o nome dos grupos musicais, você usou várias letras. Na nossa língua, existem 26 letras, que formam o alfabeto.

Alfabeto é o conjunto das letras que utilizamos no português.

Reveja como é o nosso alfabeto com letras de fôrma maiúsculas e minúsculas:

Ilustrações: Ilustra Cartoon/Arquivo da editora

3 Há vários instrumentos musicais ilustrados no alfabeto.

a) Qual é o seu preferido? Escreva o nome dele:

b) Quantas letras tem o nome desse instrumento? Conte e escreva:

c) Qual é a primeira letra do nome desse instrumento? Escreva:

d) Escreva a última letra do nome do instrumento que você escolheu.

4 Escreva o nome de um artista que você admira.

5 Escreva outro nome que comece com a mesma letra que começa o nome desse artista.

6 Escreva o nome da sua professora ou do seu professor.

7 Acompanhe a leitura que o professor vai fazer destes versos:

HÁ UM GRUPO DE CINCO LETRINHAS,
DA FAMÍLIA, MAS NÃO SÃO IGUAIS.
SÃO ELAS CINCO IRMÃZINHAS
TODAS CHAMADAS VOGAIS.

MAS HÁ OUTRO GRUPO AINDA MAIOR
FORMADO DE LETRAS IMPORTANTES.
VAMOS CONHECÊ-LAS MELHOR?
SÃO AS CHAMADAS CONSOANTES.

(Da tradição popular.)

Biry Sarkis/Arquivo da editora

a) Escreva as cinco letrinhas do grupo mencionado nos primeiros quatro versos.

b) Encaixe no alfabeto as letras que você escreveu.

____	B	C	D	____	F	g
h	____	j	k	l	m	N
____	p	q	r	s	t	____
v	w	x	y	z		

8 Agora, escreva o seu primeiro nome.

a) Pinte de **azul** as vogais do seu nome.

b) Pinte de **vermelho** as consoantes do seu nome.

9 A ordem alfabética é um bom recurso para encontrar nomes em listas (de telefones, de convidados, de chamada, entre outras). Você sabe colocar palavras em ordem alfabética? É necessário seguir a ordem alfabética considerando a primeira letra de cada palavra.

Veja a seguir como se apresentam os integrantes do grupo Pequeno Cidadão.

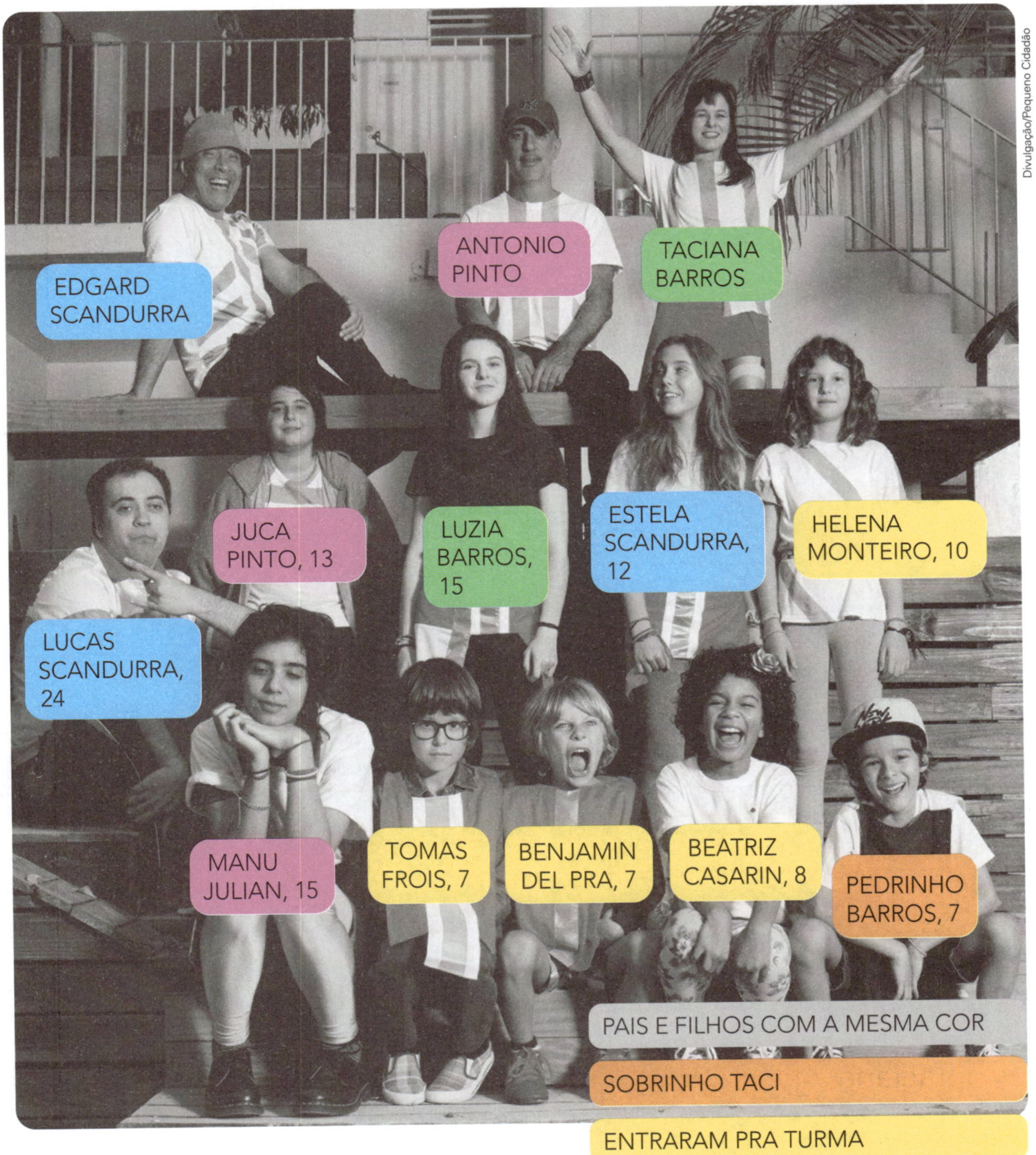

Divulgação/Pequeno Cidadão

(Pequeno Cidadão. *Crianças*. Disponível em: https://www.pequenocidadao.com/criancas. Acesso em: 20/11/2020.)

Complete a lista com o primeiro nome dos integrantes, escrevendo-os em ordem alfabética.

Benjamin

Edgard

Estela

Juca

Luzia

Taciana

Com o auxílio do professor e dos colegas, leia o trecho inicial de uma canção do grupo Pequeno Cidadão, que você viu no começo deste capítulo.

Olhe para as nuvens: o que você vê?
Será que eu vejo o mesmo que você?
Olhe para as nuvens: o que você vê?
Será que eu vejo o que ninguém mais vê?

Biry Sarkis/Arquivo da editora

(Pequeno Cidadão. Olhe para as nuvens. Álbum *Vem Dançar*. 2016. Disponível em: https://www.pequenocidadao.com/cds. Acesso em: 20/11/2020.)

10 Responda oralmente:

a) Você gosta de olhar para as nuvens?

b) O que você sente e vê quando olha para as nuvens?

11 Compare estas palavras:

VOCÊ VÊ VEJO

a) Com qual consoante as três palavras iniciam? Escreva-a.

b) Escreva outras palavras que começam com essa mesma consoante.

c) Escreva as cinco vogais.

d) Qual é a vogal que está nessas três palavras? Escreva-a.

e) Qual é a vogal que está em duas dessas palavras? Escreva-a.

f) Quais são as vogais que não estão em nenhuma dessas palavras? Escreva.

BRINCANDO COM PALAVRAS

Você conhece o Armandinho? Com o auxílio do professor e dos colegas, leia a tirinha a seguir e veja o que ele aprontou com uma amiga dele.

(Alexandre Beck. *Armandinho um*, p. 57.)

1 Responda oralmente:

a) Qual foi o convite da Fê ao Armandinho?

b) Qual foi a confusão feita por Armandinho?

c) Você já viu uma apresentação de patins ou de outro esporte artístico?

2 Leia estas duas palavras:

PATINS PATINHOS

a) Pinte de **azul** as vogais da palavra dita pela Fê.

b) Pinte de **vermelho** as vogais da palavra que representa o que Armandinho entendeu.

c) Quais são as vogais iguais nas duas palavras?

d) Qual vogal a segunda palavra tem a mais que a primeira?

e) Qual consoante a segunda palavra tem a mais que a primeira?

3 Agora, leia estes pares de palavras, correspondentes entre si:

tá	—	está
cê	—	você

a) Quais letras são diferentes entre as palavras de cada par? Elas são vogais ou consoantes?

b) As palavras de cada par querem dizer a mesma coisa. Responda oralmente: Quais dessas palavras você costuma usar mais quando conversa com seus amigos?

4 Vamos transformar algumas palavras da tira acrescentando letras a elas?

a) Descubra qual das letras a seguir deve completar cada palavra da tabela para formar uma palavra nova.

A I U C M

PALAVRA DA TIRA	PALAVRA NOVA
QUE	QUE______
DE	DE______
MAL	MAL______
AÍ	______AÍ
GALERA	GALER______A

b) Quais palavras foram formadas acrescentando vogais?

c) Quais palavras foram formadas acrescentando consoantes?

5 Desafio da máquina de palavras: vamos formar palavras novas a partir da palavra **OLHE**. Para isso, é preciso observar as coordenadas da máquina e descobrir onde cada letra deve entrar. Veja o exemplo.

Ilustrações: Red Deer/Shutterstock

6 Leia esta tirinha:

(*Recreio*, n. 466.)

Responda oralmente:

a) No que o cachorrinho estava pensando nos dois primeiros quadrinhos?

b) Nas histórias em quadrinhos, o que significa a letra **Z** quando aparece repetida várias vezes?

c) O que aconteceu com o cachorrinho no último quadrinho?

7 Leia, com o auxílio do professor e dos colegas, as adivinhas a seguir. Depois, tente dar as respostas. Dica: todas as respostas são letras do alfabeto.

SOU PEQUENO, SOU MAGRINHO,
MAS SOU MUITO ENGRAÇADO,
TENHO UM PINGO NA CABEÇA,
MAS NUNCA FICO MOLHADO.

RESPOSTA: ____________________

DIGA JÁ E NÃO DEMORE,
RESPONDA SEM FAZER RIMA:
ESTOU NO MEIO DA RUA
E COM AS PERNAS PRA CIMA.

RESPOSTA: ____________________

(Edméia Faria. *O que é? O que é?*. Belo Horizonte: Miguilim, 2000.)

As respostas das adivinhas são vogais ou consoantes? [ ]

8 Leia a seguir, com a ajuda de colegas e do professor, um trecho de uma reportagem que dá sugestões de brincadeiras para crianças.

Stop

Adedanha, adedonha ou stop. O verdadeiro nome da brincadeira só não gera tanta polêmica quanto o desenvolvimento dela. Questões como "gelo é cor?", "tomate é fruta?" e "parede é objeto?" vão render boas risadas durante a atividade, que deve ser feita por pelo menos duas pessoas.

Biry Sarkis/Arquivo da editora

(Disponível em: https://www.ibahia.com/brasil/detalhe/noticia/criancada-em-casa-veja-opcoes-de-brincadeiras-para-entreter-os-pequenos/. Acesso em: 21/11/2020.)

Responda oralmente:

a) Você já brincou desse jogo? Por qual nome você costuma chamá-lo?

b) Por que essa brincadeira rende boas risadas?

É divertido e fácil brincar desse jogo. Primeiro, você e os colegas fazem uma lista de assuntos: fruta, banda, música, cor, etc. Depois, sorteiam uma letra do alfabeto e todos anotam o nome de uma fruta, de uma banda, de uma música, de uma cor, etc., que comece com aquela letra. Quem terminar primeiro dá um aviso e encerra a rodada daquela letra. A cada nome repetido, o participante ganha 5 pontos e, a cada nome de que só ele conseguiu se lembrar, ganha 10 pontos. Vence o jogo o participante que fizer mais pontos no final. E, então, vamos jogar?

PRODUÇÃO DE TEXTO

O CARTAZ

Neste capítulo, você conheceu o grupo musical Pequeno Cidadão, falou um pouco sobre sua banda ou artista preferido e seu instrumento musical favorito. Agora, vamos fazer uma pesquisa sobre algumas dessas suas preferências e, ao final da unidade, vamos apresentar os resultados no lançamento da nossa campanha sobre respeito a cada um do jeito que é. Conhecer melhor os gostos de nossos amigos é o primeiro passo para aprender a respeitá-los. Vamos lá?

PLANEJAMENTO DO CARTAZ

Antes de começar o cartaz, você precisa produzir dados sobre a turma. Por isso, você vai entrevistar um colega sobre os gostos musicais dele. Reúna-se em dupla e siga estas orientações:

- vá até a página 321 e recorte a folha da enquete para fazer a entrevista;
- converse com os colegas e o professor e, se quiserem, acrescentem outras questões que a turma considere interessantes.

APRESENTAÇÃO DOS RESULTADOS E CONFECÇÃO DE CARTAZ

Compartilhe oralmente o resultado da entrevista com a turma. Apresente-se, diga o nome do colega que você entrevistou e conte as respostas que ele deu para cada questão.

Quando todos os colegas tiverem feito a apresentação, vocês vão, com o professor, preparar cartazes sobre os gostos e as aptidões musicais da turma. Para a produção dos cartazes, sigam estas orientações:

- coloquem o número de alunos que deram cada resposta, escrevendo com uma letra caprichada e legível;

- pesquisem imagens relacionadas com o assunto da questão: instrumentos e notas musicais, *shows*, entre outras;
- façam desenhos, imprimam imagens do computador ou recortem de jornais e revistas para que o cartaz fique bem colorido e chame a atenção dos leitores.

REVISÃO E REESCRITA DO CARTAZ

Antes de finalizar o cartaz, verifique:

- Os números apresentados correspondem à quantidade de respostas da turma? Os desenhos estão bonitos e coloridos para chamar a atenção do leitor?
- A letra está clara, legível e em tamanho adequado?

DIVIRTA-SE

Você consegue descobrir de quais instrumentos musicais são estas sombras?

Ilustrações: Ksenya Sava/Shutterstock

CAPÍTULO 2

JUNTOS SOMOS ÚNICOS!

LEITURA

Você vai ler a seguir um trecho da letra da canção "Pé de nabo", de Sandra Peres e Luiz Tatit, gravada pelo grupo Palavra Cantada.

Pé de nabo

Ser assim é uma delícia
Desse jeito como eu sou
De outro jeito dá preguiça
Sou assim pronto e acabou

[...]

Brincadeira, choradeira,
Pra quem vive uma vida inteira
Mentirinha, falsidade,
Pra quem vive só pela metade

Quando alguém me desaponta
Paro tudo e dou um tempo
Dali a pouco eu me dou conta
Que ninguém é cem por cento

Seja um príncipe ou um sapo
Seja um bicho ou uma pessoa
Até mesmo um pé de nabo
Tem alguma coisa boa
[...]

(Sandra Peres e Luiz Tatit. Pé de nabo. *Pé com pé*. CD. 2006. Disponível em: http://palavracantada.com.br/musica/pe-de-nabo/. Acesso em: 30/11/2020.)

QUEM SÃO SANDRA PERES E LUIZ TATIT?

Sandra Peres estudou Música em São Paulo e em Paris e, em 1994, ao lado de Paulo Tatit, fundou o grupo musical infantil Palavra Cantada, ganhador de muitos prêmios. Luiz Tatit, irmão de Paulo Tatit, formou-se em Letras e é professor na Universidade de São Paulo (USP).

Sandra Peres e Paulo Tatit, do grupo Palavra Cantada.

Tiago Queiroz/Agência Estado

1 Na letra da canção, uma pessoa fala de si mesma.

a) Responda oralmente: Ela gosta de ser como é? Qual das palavras a seguir mostra isso? Circule-a.

assim	delícia
jeito	preguiça

b) Responda oralmente: O que essa pessoa faz quando fica desapontada com alguém?

c) Troque ideias com os colegas e marque, entre as opções a seguir, o que significa dizer que "ninguém é cem por cento".

- ◯ Ninguém vive sozinho.
- ◯ Ninguém nunca faz nada de errado.
- ◯ Ninguém faz tudo certo o tempo todo.

2 Releia o refrão, a parte que se repete várias vezes quando a música é cantada:

"Brincadeira, choradeira,
Pra quem vive uma vida inteira
Mentirinha, falsidade,
Pra quem vive só pela metade"

Responda oralmente:

a) Por que quem vive uma vida inteira passa por momentos de brincadeira e de choradeira?

b) Quem vive de mentirinha e falsidade também vive uma vida inteira? Por quê?

3 O título da canção é "Pé de nabo".

a) Você já viu um pé de nabo?

b) Faça um X na imagem que mostra um pé de nabo:

Lubava/Shutterstock

Elena Koromyslova /Shutterstock

Valentina Razumova/Shutterstock

c) Você acha que quem fala na música gosta de nabo? Explique oralmente.

d) Troque a primeira letra da palavra **nabo** pelas letras indicadas e forme novas palavras:

B__________ C__________ R__________

4 No final da música, entendemos que:

( ) algumas pessoas não têm nada de bom.

( ) só as pessoas têm alguma coisa boa.

( ) cada pessoa tem um jeito de ser.

A LINGUAGEM DO TEXTO

1 Os poemas e as canções são organizados em partes, chamadas **estrofes**.

a) Quantas estrofes há no trecho da canção "Pé de nabo"? Escreva: [ ]

b) Pela ordem das estrofes no texto, qual delas é o refrão?

( ) A segunda.

( ) A quarta.

( ) A terceira.

2 Cada linha de uma canção, uma cantiga ou um poema se chama verso. Quantos versos tem cada estrofe da canção "Pé de nabo"? Escreva: [ ]

3 Uma canção geralmente tem rimas. Duas palavras rimam quando terminam com sons parecidos. Observe:

SOU rima com ACABOU

a) Encontre no quadro os pares de palavras da canção que rimam:

desaponta choradeira nabo inteira boa sapo pessoa conta

____

____

b) Qual das palavras a seguir também rima com um dos pares que você encontrou? Circule-a e indique com qual par ela rima.

assim	príncipe	brincadeira	bicho

____

____

4 Cante ou escute novamente a canção e, sem olhar a letra, complete o refrão da música com as palavras que faltam:

Brincadeira, choradeira,

Pra quem __________ uma __________ inteira

Mentirinha, falsidade,

Pra quem __________ só ____________________

DE OLHO NA ORALIDADE: CANTANDO CANÇÕES E CANTIGAS

1 Vamos cantar a canção "Pé de nabo" de modo diferente? As meninas formam um grupo e os meninos, outro. As meninas cantam os dois primeiros versos e os meninos cantam o terceiro e o quarto. Depois, todos cantam juntos o refrão. Continuando, os meninos cantam a quarta estrofe e as meninas, a quinta. No final, todos cantam o refrão juntos novamente.

2 Com a ajuda do professor e dos colegas, leia a letra da cantiga a seguir. Depois, cante-a com toda a turma. Divirta-se!

LÁ VEM SEU JUCA-CA
DA PERNA TORTA-TA
DANÇANDO A VALSA-SA
COM A MARICOTA-TA

LÁ VEM O ZECA-CA
DE CARA CHATA-TA
DANÇANDO SAMBA-BA
COM A RENATA-TA

LÁ VEM A QUICA-CA
DE DENTADURA-RA
DANÇANDO *ROCK*-CK
COM SEU VENTURA-RA

LÁ VEM O DOCA-CA
ESPINHELA DURA-RA
DANÇANDO TANGO-GO
COM A JUÇARA-RA

LÁ VEM O BRAGA-GA
PERNA ENGESSADA-DA
DANÇANDO RUMBA-BA
COM A IMACULADA-DA

LÁ VEM A CIDADE-DE
NO SOBE E DESCE-CE
TUDO QUE PODE-DE
NO TAL PAGODE-DE

(Da tradição popular.)

Biry Sarkis/Arquivo da editora

REFLEXÃO SOBRE A LINGUAGEM

GENTILEZA E EDUCAÇÃO PELA LINGUAGEM

Leia este texto:

(Disponível em: https://www.estudosnacionais.com/21648/ministerio-lanca-campanha-palavras-magicas-para-incentivar-boas-praticas-de-cidadania-entre-criancas/. Acesso em: 30/11/2020.)

1 Há nesse texto uma personagem de histórias em quadrinhos muito conhecida no Brasil. Responda oralmente:

a) Quem é ela? Qual característica da personalidade dela é muito conhecida?

b) O que a pose e a expressão facial dela no cartaz indicam?

2 Esse texto divulga uma campanha do governo brasileiro em parceria com o Instituto Mauricio de Sousa. Responda oralmente:

a) Qual é o nome dessa campanha e para que ela foi feita?

b) Quais são as "palavras mágicas" escritas no cartaz?

c) Quais outras "palavras mágicas" você conhece?

d) Usar essas "palavras mágicas" mostra um jeito educado e gentil ou mal-educado e ríspido?

3 Além de usar palavras mágicas, como as do texto, há outras formas de mostrar gentileza e educação. Compare:

— Me empresta o lápis!

— Você poderia me emprestar o lápis?

— Pode me emprestar o lápis?

Giz de Cera/Arquivo da editora

a) Converse com os colegas e o professor: Qual desses jeitos é o mais educado e qual é o menos educado de fazer um pedido?

b) Imagine que você queira chamar o professor até sua carteira. Qual é o jeito mais educado de chamá-lo?

◯ Vem cá, professor!

◯ Vem aqui, professor!

◯ Professor, pode vir aqui, por favor?

4 Suponha que você tenha deixado cair um caderno no chão e outra pessoa o pegou para você. Qual é o jeito mais educado de agradecer?

____

5 Imagine que você pisou no pé de alguém, sem querer. O que você deve dizer a essa pessoa para se desculpar?

___

6 Hoje, em algumas famílias, os filhos tratam os pais, os avós e os tios por **você**; em outras famílias, tratam por **senhor** e **senhora**.

a) Como você trata seus pais?

b) Como você trata seus avós e tios?

7 Troque ideias com os colegas e o professor e explique oralmente por que, mesmo sabendo que cada pessoa é única e tem o próprio jeito de ser, gentileza e educação devem estar no comportamento de todos.

DE OLHO NA LEITURA E NA ESCRITA: TIPOS DE LETRA

Letra de fôrma maiúscula, letra de imprensa e letra cursiva

Releia o texto de lançamento da campanha "Palavras mágicas", na página 36, e responda às questões a seguir.

1 O texto contém várias informações sobre a campanha.

a) Pinte de **vermelho** o trecho do texto que informa o dia e o horário em que ela foi lançada.

b) Pinte de **azul** o trecho que indica onde foi realizado o evento de lançamento.

c) Marque com um X as afirmações corretas.

( ) O dia e o horário foram escritos no texto apenas com letras de fôrma maiúsculas.

( ) O dia e o horário foram escritos no texto com letras de fôrma maiúsculas e minúsculas, isto é, com letras de imprensa.

◯ O endereço e o nome da cidade e o do Estado foram escritos no texto apenas com letras de fôrma maiúsculas.

◯ O endereço e o nome da cidade e o do Estado foram escritos no texto com letras de fôrma maiúsculas e minúsculas, isto é, com letras de imprensa.

2 Observe o logotipo do Instituto Mauricio de Sousa:

INSTITUTO
MAURICIO
DE SOUSA

a) Quais tipos de letra foram usados nessa escrita?

b) Troque ideias com os colegas e o professor e responda oralmente: Por que o nome do instituto foi escrito dessa forma?

c) Você conhece o personagem retratado nesse desenho? Descubra qual é o nome dele eliminando as letras de fôrma e juntando apenas as letras cursivas:

HEFoBDrGAáTUcPIiBOo

Escreva: ______________________________

3 Por que cada uma das palavras a seguir foi escrita com letra inicial maiúscula no texto? Relacione:

São Paulo	Porque é começo de frase.
Realização	Porque é um nome próprio.

A maioria dos textos publicados apresenta os dois tipos de letra de fôrma: maiúsculas e minúsculas. São histórias em quadrinhos, jornais, revistas, textos da internet, livros escolares, etc. Por isso, é importante que você conheça bem essas letras.

4 Complete o alfabeto com as letras maiúsculas que faltam:

____	B	C	D	____	F	G
a	b	c	d	e	f	g
____	I	J	K	____	M	____
h	i	j	k	l	m	n
O	____	Q	R	____	T	____
o	p	q	r	s	t	u
V	W	____	Y	Z		
v	w	x	y	z		

Você deve ter notado que a assinatura de Mauricio de Sousa foi reproduzida usando uma letra parecida com a letra cursiva. Reveja o nosso alfabeto completo com letras cursivas maiúsculas e minúsculas:

Aa Bb Cc Dd Ee

Ff Gg Hh Ii

Jj Kk Ll Mm Nn

Oo Pp Qq Rr

Ss Tt Uu Vv Ww

Xx Yy Zz

5 Associe as palavras mágicas escritas em diferentes tipos de letra.

OBRIGADO	com licença	desculpa
COM LICENÇA	por favor	obrigado
DESCULPA	obrigado	por favor
POR FAVOR	desculpa	com licença

Leia a tirinha a seguir.

Peanuts, Charles Schulz © 1985 Peanuts Worldwide LLC/Dist. by Andrews McMeel Syndication

(Disponível em: https://br.pinterest.com/pin/570760952748230861/. Acesso em: 20/11/2020.)

6 Snoopy é o cachorro de estimação do menino Charlie Brown.

a) O que Snoopy está fazendo? Responda oralmente.

b) Responda oralmente: A fala de Charlie Brown faz Snoopy mudar de ideia? Por quê?

c) O que parece ser mais importante para Snoopy?

( ) O amor pela namorada.

( ) O amor pela comida.

7 Observe os tipos de letra empregados na tirinha.

a) Em quais quadrinhos foram empregadas letras de imprensa, isto é, letras de fôrma maiúsculas e minúsculas?

____

____

b) Em qual quadrinho há apenas letras de fôrma maiúsculas?

____

____

c) Responda oralmente: Por que há essa diferença nos tipos de letra utilizados nessa tirinha?

8 E se Snoopy não tivesse uma máquina de escrever? Reescreva a carta de Snoopy com letra cursiva.

____

____

____

____

Com a ajuda do professor, leia a seguir a capa de um folheto de campanha.

(Disponível em: http://www.justica.pr.gov.br/Pagina/Campanha-Carnaval-Trabalho-Infantil. Acesso em: 30/11/2020.)

9 Essa campanha é contra:

( ) as fantasias das crianças.

( ) o trabalho infantil.

( ) as marchinhas de carnaval.

10 Esse folheto é inspirado em uma marchinha de carnaval.

a) Você conhece marchinhas de carnaval? Conte para os colegas.

b) Leia a letra original da marchinha, descubra qual foi a palavra trocada no texto do folheto e circule-a.

> "Mamãe eu quero, mamãe eu quero,
> mamãe eu quero mamar"

Agora, escreva a palavra do folheto que está no lugar da que você circulou:

____

c) Converse com os colegas e o professor e responda oralmente: Por que a pessoa que escreveu o folheto fez essa mudança na letra da marchinha?

11 Há no folheto letras cursivas e letras de fôrma maiúsculas e minúsculas. Marque com um X a parte do texto que apresenta letras minúsculas e maiúsculas.

Fotos: Reprodução/CEAS, PR

( )

( )

( )

BRINCANDO COM PALAVRAS

1 Desafio musical em 5 etapas

Organizem-se em grupos e tentem cumprir todas as etapas do desafio musical. Cada etapa vale 1 ponto e deve ser respondida em até 30 segundos. Escolham um aluno para ser o escriba em cada etapa. Vocês devem escrever o nome da canção ou parte da letra em uma folha e, quando o tempo acabar, compartilhar a resposta escrita com os outros grupos e cantar a parte da letra que contém a palavra ou o tema solicitado. Vence quem fizer mais pontos.

Etapa 1: uma letra de canção que contém o nome de uma cor.

Etapa 2: uma letra de canção que contém um número.

Etapa 3: uma letra de canção que fala sobre um animal.

Etapa 4: uma letra de canção que fala sobre amizade.

Etapa 5: uma letra de canção que fala sobre brincadeiras.

Jean Galvão/Arquivo da editora

2 Você já parou para pensar quais são as suas brincadeiras favoritas? As crianças brasileiras conhecem muitas brincadeiras. Leia algumas delas a seguir e complete a cruzadinha.

- amarelinha
- passa-anel
- adoleta
- queimada
- par ou ímpar
- bambolê
- bola
- estátua

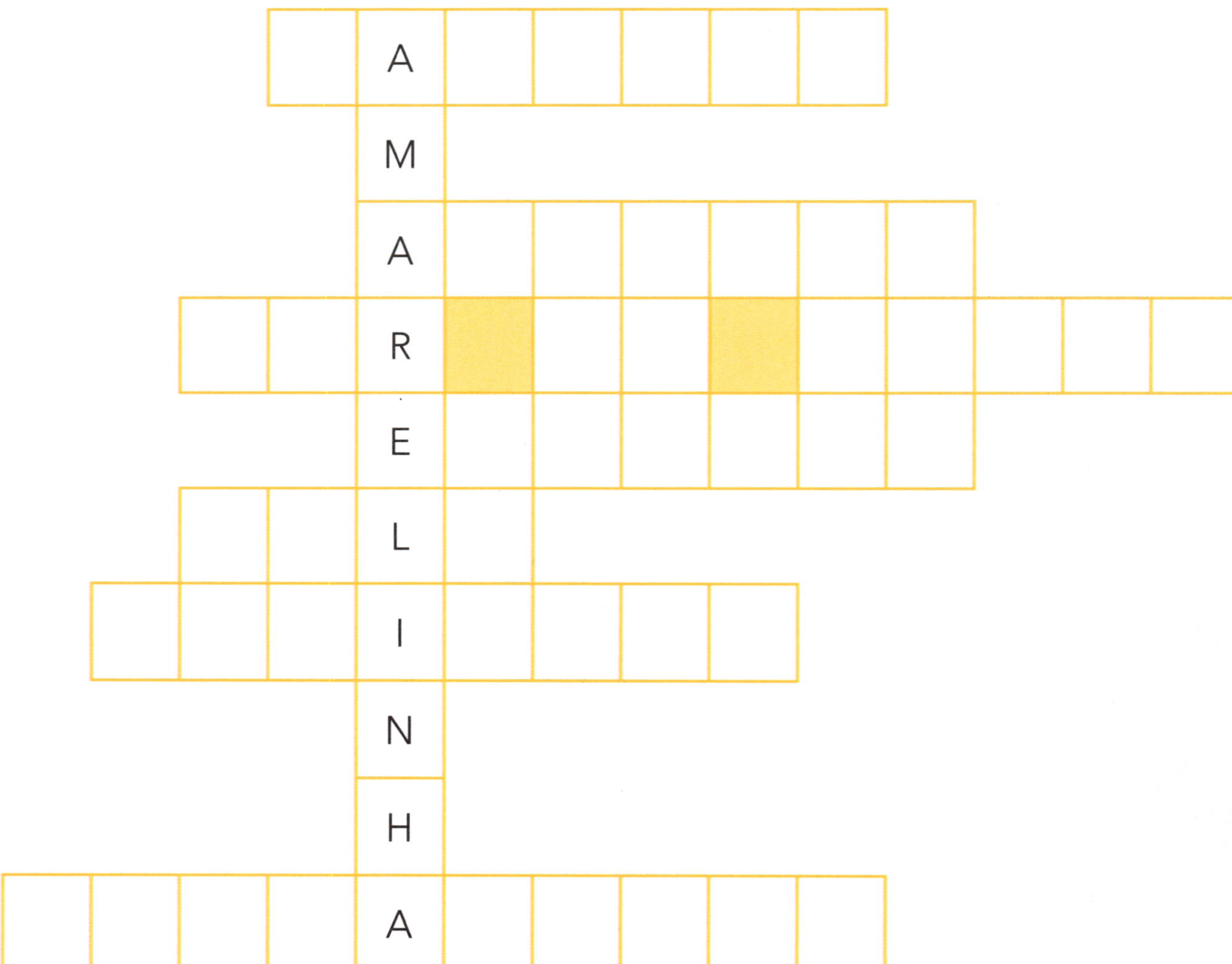

Quando terminar a cruzadinha, pinte os quadrados com o nome da sua brincadeira favorita. Compartilhe com a turma e conheça as brincadeiras prediletas dos colegas.

3 Complete a cartinha que a Mônica escreveu para o Papai Noel com as palavras a seguir. Mantenha o tipo de letra que ela usou.

amigos Eu todos já

Polo pedir nada

Querido Papai Noel!

Aqui é a Mônica, do Limoeiro!
Tudo bem com você?
Então, eu tinha pensado em ______
uns presentes de Natal, mas percebi
que não preciso de mais ______
Tenho a minha família e os meus ______
e isso ___ é o suficiente pra mim!

___ tô escrevendo esta cartinha só pra
desejar um Feliz Natal para ____ aí
do ____ Norte!

(*Mônica*, n. 56, dezembro de 2019, p. 12.)

Agora, responda oralmente:

a) Quais palavras que você copiou foram escritas com a letra inicial maiúscula? Por quê?

b) Quais outras palavras do texto têm inicial maiúscula? Por quê?

O TEXTO DE CAMPANHA

Leia o texto a seguir.

(Disponível em: http://www.santoamaro.sc.gov.br/noticia/maio-amarelo-/315. Acesso em: 20/11/2020.)

1 Esse texto faz parte de uma campanha da prefeitura de uma cidade chamada Santo Amaro da Imperatriz.

a) Qual é o assunto dessa campanha?

____

b) Releia os trechos das dicas dadas no texto:

- "Dê a preferência ao pedestre"
- "Não dirija manuseando aparelho celular"
- "Não estacione o veículo em vagas reservadas"

Conclua: Para quem são essas dicas?

____

2 Faça a correlação entre as imagens a seguir e o que elas representam.

Fotos: Reprodução/ Prefeitura de Santo Amaro da Imperatriz, SC

Símbolo de proibição

Placa de trânsito

Cores do semáforo

3. A frase "Trânsito é feito de pessoas" é um *slogan*, isto é, uma frase fácil de lembrar, muito utilizada em anúncios e campanhas. Responda oralmente:

a) Nessa campanha, qual é o significado do *slogan* "Trânsito é feito de pessoas"?

b) Que outros *slogans* você conhece?

4. O que representam os símbolos e as palavras que aparecem na parte inferior do texto?

◯ Os motoristas da cidade.

◯ Os responsáveis pela campanha.

AGORA É A SUA VEZ

Neste capítulo, você viu que cada um de nós é único e que cada pessoa tem seu jeito e suas preferências. Você leu três textos de diferentes campanhas.

E também já sabe que vai, com a turma, lançar uma campanha pelo respeito às escolhas e ao jeito de cada pessoa. Chegou a hora de elaborar os textos que vão fazer parte dessa campanha.

Reúna-se em grupo com os colegas e, com

© Mauricio de Sousa/Instituto Mauricio de Sousa

Reprodução/CEAS, PR

Reprodução/Prefeitura de Santo Amaro da Imperatriz, SC

o professor, definam qual será a função do texto de vocês: explicar a causa defendida pela campanha, divulgar o lançamento, convidar o público para participar, dar dicas de comportamento. Decidam também qual texto vão produzir: um cartaz para ser exposto em algum lugar ou um folheto para ser entregue às pessoas.

PLANEJAMENTO DO TEXTO

Para escrever o texto de vocês, sigam estas orientações:

- Definam se vão produzir o cartaz ou o folheto.
- Pensem em um nome criativo e atraente para a campanha.
- Criem uma frase fácil de lembrar para ser o *slogan*.
- Selecionem imagens e/ou personagens conhecidos que tenham relação com o assunto da campanha.
- Planejem a parte escrita com o professor: Quais tipos de letra vocês vão utilizar? Qual será o tamanho das letras? Podem incorporar desenhos no formato de algumas letras para chamar mais atenção dos leitores? Qual será o tamanho do texto escrito?
- Definam as cores que vocês vão usar nas letras, no fundo do texto, nas imagens.
- Identifiquem os responsáveis pela campanha: a turma, a escola e quem mais estiver apoiando a iniciativa.

REVISÃO E REESCRITA

Antes de fazer a versão final do texto, observem:

- Vocês deram um nome criativo para a campanha?
- As imagens selecionadas têm relação com o assunto da campanha?
- Os tipos e os tamanhos de letra estão adequados, bonitos e legíveis, chamando a atenção dos leitores?
- As cores estão harmoniosas e os textos dos diferentes grupos combinam entre si?
- Os responsáveis pela campanha e os apoiadores estão identificados?

DIVIRTA-SE

Você consegue descobrir quais são as cantigas escritas a seguir? A dica para desvendar o mistério está na moldura e no fundo do texto.

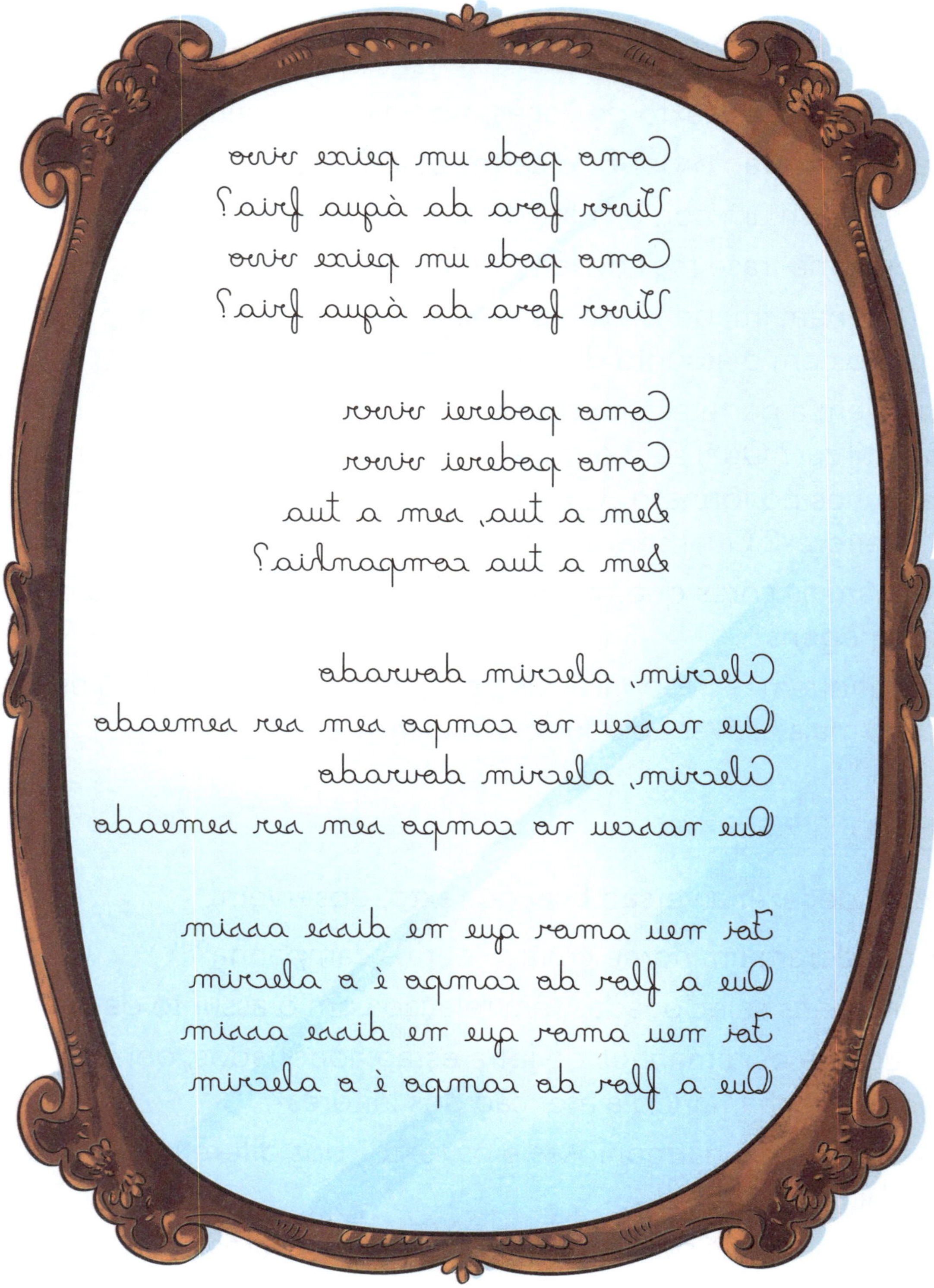

Ilustra Cartoon/Arquivo da editora

CAPÍTULO 3

MINHAS E NOSSAS ESCOLHAS

LEITURA

Com a ajuda dos colegas e do professor, leia a carta a seguir.

Querido Adriel, essa não é uma carta sobre o ataque racista que você sofreu. [...] Você é uma criança linda e cheia de sonhos e é uma inspiração. Essa é uma carta de reconhecimento e agradecimento. Essa é uma carta de apoio também.

Quando eu entrei em seu perfil, no Instagram, eu me vi em você, com os meus 12 anos. Eu também amava, e amo, livros, leituras e a escrita. [...] A gente que gosta de livros nem sempre é bem compreendido. [...]

Eu tive uma família que me incentivou a ler todo tempo quando percebeu que eu gostava disso. Apesar de ser considerada "meio estranha" por muitas pessoas, minha família sempre defendeu que "era o meu jeito" e que tudo bem. E ao ver sua mãe e sua família te apoiando nisso, senti outro ponto de reconhecimento entre nós.

Quero te agradecer, Adriel, [...] por fazer minha semana terminar motivada. Que você siga essa pessoa cheia de inspiração para compartilhar com o mundo. Daqui eu só te envio afeto, bons pensamentos e energias. Seu projeto é incentivador e [...] seus sonhos... ah, eu nem quero falar sobre os sonhos de uma cabeça leitora! Eles são imensos e ilimitados, sem fronteiras e fantásticos. E nunca os perca de vista.

Um abraço fortemente livresco de sua mais nova admiradora.

Juliana Borges

(Disponível em: https://claudia.abril.com.br/blog/diario-de-uma-quarentener/carta-a-adriel-o-menino-que-ama-livros/. Acesso em: 30/11/2020.)

1 Você acabou de ler uma carta.

a) Quem escreveu essa carta? Onde esse nome está escrito no texto?

____

____

____

b) Para quem essa carta foi escrita? Onde esse nome está escrito no texto?

____

____

____

____

QUEM É JULIANA BORGES?

Juliana Borges é pesquisadora, escritora e colunista em revistas e *sites*. Atualmente, luta para diminuir injustiças sociais, defendendo principalmente o espaço de mulheres negras na sociedade brasileira.

Reprodução/Acervo pessoal

2 Leia com os colegas e o professor o boxe "A história de Adriel", na página seguinte. Depois, responda oralmente:

a) O que aconteceu com Adriel?

b) Foi para falar desse acontecimento que Juliana escreveu a carta? Explique.

A história de Adriel

HaseHoch2/Shutterstock

Adriel Bispo de Souza mantém a página @livrosdodrii no Instagram, onde posta resenhas e dicas de seus livros favoritos. O garoto [...] acabou sendo vítima de comentários racistas [...].

"Esse tipo de coisa não me abala em nenhum ponto. Aliás, tenho orgulho de ser negro", declarou. [...]

Em meio a um ataque, muito amor e apoio surgiu. Adriel [...] teve um fã-clube criado em sua homenagem e conseguiu uma assessora para ajudá-lo a cuidar de sua página no Instagram.

(Disponível em: https://revistamarieclaire.globo.com/Noticias/noticia/2020/05/menino-de-12-anos-e-vitima-de-racismo-em-seu-perfil-sobre-livros.html. Acesso em: 30/11/2020.)

3 Juliana se considera parecida com Adriel porque:

- ◯ os dois são crianças e têm perfil em rede social.
- ◯ os dois amam livros, leituras e a escrita.
- ◯ os dois são sozinhos, não têm família.

4 Nem todas as pessoas respeitavam o jeito de ser de Juliana. Responda oralmente:

a) O que essas pessoas achavam dela?

b) Isso também acontece com Adriel?

c) O que as famílias de Juliana e Adriel fizeram nessas situações?

5 No final da carta, Juliana agradece a Adriel. Responda oralmente:

a) Por que ela faz esse agradecimento?

b) Além de agradecer, o que ela deseja para ele?

6 Na sua opinião, como Adriel se sentiu ao ler a carta de Juliana?

____

7 Desembaralhe as letras para formar o nome das figuras:

ATCRA

RAÇINAC

VILOR

Ilustrações: Ilustra Cartoon/Arquivo da editora

DE OLHO NA ORALIDADE: DEBATENDO GOSTOS PESSOAIS E RESPEITO

No estudo anterior, você viu que Adriel e Juliana eram considerados estranhos por algumas pessoas só porque gostavam muito de ler livros. Nos capítulos anteriores, conversamos sobre preferências pessoais: você e os colegas falaram sobre bandas e artistas favoritos, instrumentos musicais prediletos, músicas e brincadeiras de que mais gostam, entre outros assuntos.

Organizem-se em grupos e debatam as seguintes questões com os colegas:

1. Você já sentiu vergonha por gostar de alguma coisa e achar que ninguém mais gostava daquilo?
2. É certo achar uma pessoa "estranha" só porque ela não gosta das mesmas coisas que você?
3. Como podemos nos comportar para que ninguém sinta vergonha do próprio jeito de ser?

Anotem as principais respostas do grupo e, em seguida, sentem-se em um grande círculo na sala de aula para expor a visão de vocês sobre essas questões.

REFLEXÃO SOBRE A LINGUAGEM

EXPRESSÕES DA NOSSA LÍNGUA: SAUDAÇÃO E DESPEDIDA

Quando nos comunicamos com alguém por meio de um texto escrito, como cartas, bilhetes, postagens ou mensagens publicadas em redes sociais, usamos algumas expressões para começar e terminar nosso texto.

1. Observe a carta que você estudou no início deste capítulo, nas páginas 53 e 54. Marque com um C a expressão que Juliana usa para cumprimentar Adriel e com um D a expressão que ela usa para se despedir.

☐ Um abraço fortemente livresco de sua mais nova admiradora.

☐ Querido Adriel,

Agora leia, com a ajuda dos colegas e do professor, duas cartas de leitores enviadas a duas revistas.

Répteis famosos

Olá pessoal da CHC, meu nome é Pedro. Eu tenho 7 anos. Li a matéria sobre os jacarés e gostei da parte que fala sobre a mandíbula, que fica na boca. Tenho uma dúvida: o jacaré e o crocodilo dormem na água ou na terra? Obrigado!

Pedro B. K. Balneário Piçarras/SC.

Reprodução/Ciência Hoje das Crianças

Oi, Pedro. Jacarés e crocodilos fazem sucesso entre os leitores das CHC. A sua dúvida já nos deu a ideia para um novo texto.

(*Ciência Hoje das Crianças*, 2018, ano 31, n. 290.)

BOM GOSTO

Prezado editor: a revista é altamente valiosa! Com ela viajamos na língua portuguesa tirando grande proveito. Impecável e de bom gosto!!!

Amélia L.,
Pirapetinga (MG)

(*Revista Língua Portuguesa*, ano 4, n. 48.)

2 Identifique:

a) Qual delas foi escrita para uma revista chamada *Ciência Hoje das Crianças* (CHC)?

____

b) Qual delas foi escrita para uma revista chamada *Língua Portuguesa*?

____

3 Responda oralmente: Qual das cartas foi escrita por uma criança?

4 Os autores das cartas usam algumas expressões para cumprimentar os leitores deles.

a) Quais são essas expressões?

____

____

____

____

b) Troque ideias com os colegas e o professor:

- Qual dessas expressões também é muito usada em conversas com nossos amigos próximos em nosso dia a dia?
- E qual dessas expressões é menos comum nas conversas com nossos amigos próximos em nosso dia a dia?

5 Observe a carta "Répteis famosos" e a resposta que ela recebeu da revista.

a) Qual é a palavra que o autor da carta usa para se despedir?

b) Como a revista cumprimenta o autor da carta?

c) Responda oralmente: Essa carta esclarece a dúvida de Pedro? Explique.

6 Cada um no seu balaio: Converse com os colegas e o professor e, ligando com um traço, guarde as expressões a seguir nos balaios certos.

Querido

Com carinho

Caro

Um abraço

Beijos

Prezado

Oi

Atenciosamente

Até logo

Olá

Obrigado

Expressões de cumprimento

fotoslaz/Shutterstock

Expressões de despedida

DE OLHO NA LEITURA E NA ESCRITA: FORMANDO PALAVRAS

Acompanhe a leitura que o professor vai fazer deste poema:

O meu amigo

Cadê o pato?
Fugiu no mato.
Cadê a mala?
Está na escola.
Cadê a bala?
Sumiu na sala.
Cadê o gato?
Está no sapato.
Cadê a bola?
Está na sacola.
Cadê meu amigo, que brinca comigo?
Se tem um perigo, vem logo esse amigo pra me ajudar.
Com ele eu consigo rir e brincar.
Se ele não volta, eu posso chorar...
O amigo foi tão longe, mas ele já vem correndo, apressado,
de barco e de trem.
Pois que venha logo, é bom se apressar.
Ai, se ele não volta, eu posso chorar...

(Pedro Bandeira. *Mais respeito, eu sou criança!*. 2. ed. São Paulo: Moderna, 2002. p. 51.)

Responda oralmente às questões 1 e 2.

1 Você gosta de recitar parlendas? O começo desse poema lembra uma conhecida parlenda. Se você a conhece, diga-a para os colegas.

2 No poema, o amigo foi para longe. Responda oralmente:

a) Onde você acha que ele pode estar?

b) Você tem muitos amigos? Onde você se encontra com seus amigos?

c) Quando um amigo ou uma amiga vai para longe, você também fica triste?

3 Observe estas caixas de palavras:

a) O que as palavras de cada caixa têm em comum?

____

b) Pinte as palavras a seguir com a cor da caixa em que cada uma deve entrar.

c) Forme outras palavras para as caixas, juntando as peças do quebra-cabeça a seguir.

____

____

4 As palavras **pato** e **mato** rimam entre si. Responda oralmente:

a) O que é rima?

b) Quais são as outras palavras do texto que rimam?

5 **Mala** não rima com **escola**.

a) Em que a **mala** precisa se transformar para rimar com **escola**? Complete o nome de cada desenho e circule a resposta certa.

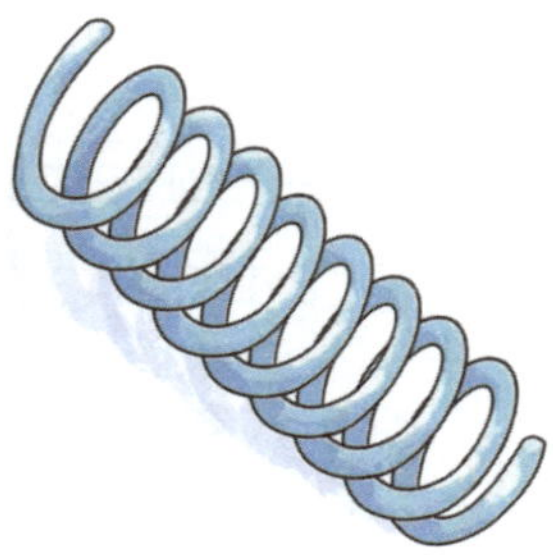

Ilustrações: Ilustra Cartoon/Arquivo da editora

M______L M______LA M______LA

b) Quais são as outras palavras do poema que rimam com escola?

6 Escreva as letras que correspondem à rima de **pato** e **mato**.

7 Quais outras palavras do poema rimam com **pato** e **mato**? Escreva-as.

8 Compare estas palavras:

PATO **G**ATO **M**ATO

a) Quantas letras cada uma das palavras tem? Responda usando número.

☐

b) A letra que faz mudar o sentido das palavras é a primeira ou a última? Marque a resposta certa com um X.

◯ a primeira

◯ a última

9 Que outras palavras você consegue formar se puser uma letra diferente no lugar da primeira letra? Ouça a letra que o professor vai falar. Depois, escreva-a no quadro, conforme o exemplo. Em seguida, escreva a palavra inteira.

P	**ATO**	PATO
	ATO	
	ATO	
	ATO	
	ATO	

Vanessa Alexandre/Arquivo da editora

10 Descubra no poema as três palavras que terminam em **ALA**. Depois, escreva a primeira letra de cada palavra na coluna do lado esquerdo e a palavra toda na coluna do lado direito.

	ALA	
	ALA	
	ALA	

11 Se trocarmos a letra **L**, de **MALA**, por outras consoantes, que novas palavras podemos formar?

M	**A**	**L**	**A**
M	**A**		**A**
M	**A**		**A**
M	**A**		**A**

BRINCANDO COM PALAVRAS

1 Para participar do jogo de palavras, você vai precisar das peças do alfabeto móvel que se encontra no final do livro, nas páginas 323 a 328. Siga as orientações que o professor vai ler.

- Ponha as peças do alfabeto sobre a mesa e misture-as.
- Assim que o professor disser uma palavra, monte-a com as peças do alfabeto.
- Quem montar a palavra primeiro, de forma correta, ganha a partida.

Roberto Weigand/Arquivo da editora

2 Em dupla, tente descobrir as respostas das adivinhas. Depois, escreva as respostas nos quadrinhos.

a) O que é, o que é?
É uma casinha sem tranca e sem janela.

b) O que é, o que é?
É verde e não é planta, fala e não é gente.

c) O que é, o que é?
Dá um pulo e se veste de noiva.

d) O que é, o que é?
Nasce grande e morre pequeno.

3 Para resolver as adivinhas e as charadas a seguir, você deve decifrar as respostas usando os códigos abaixo.

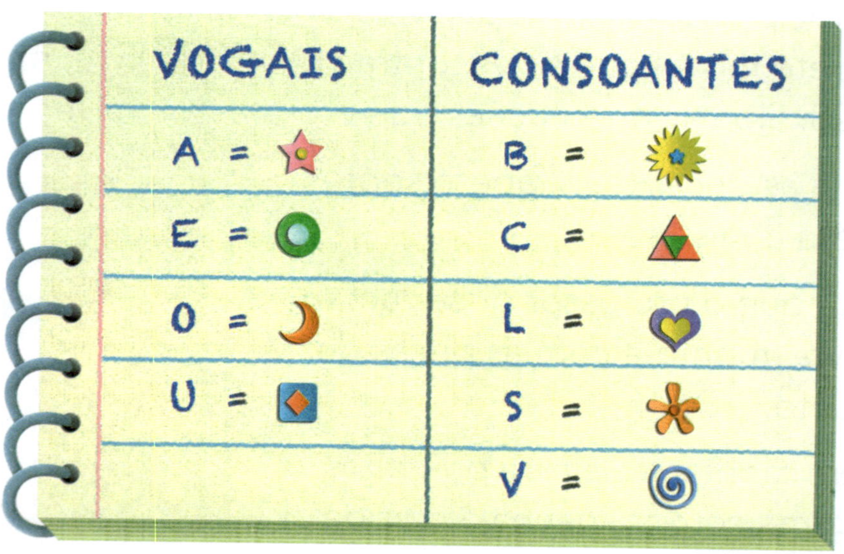

Ilustrações: Carolina Sartório/Arquivo da editora

a) O que é, o que é?
Tem ondas mas não tem marolas?

Resposta: 

Escreva a resposta com letras:

b) Não é meu irmão,
Não é minha irmã,
Mas é filho do meu pai.
Quem é?

Resposta: 

Escreva a resposta com letras:

c) Qual é a melhor coisa para colocar em tortas?

Resposta: 

Escreva a resposta com letras:

PRODUÇÃO DE TEXTO

A CARTA

No começo deste capítulo, você leu uma carta de admiração e agradecimento. Uma carta, além de ser enviada pelos Correios ou entregue em mãos ao destinatário, pode ser divulgada para ser lida por mais pessoas, como ocorreu com a carta de Juliana Borges ao garoto Adriel, que foi publicada em uma revista.

Ao final desta unidade, você e os colegas vão lançar uma campanha sobre o respeito ao jeito de ser de cada pessoa. Quando admiramos uma pessoa, é comum que tenhamos as preferências e o comportamento dela como inspiração para nossas atitudes.

Escolha uma pessoa de quem você goste muito e escreva uma carta para ela, contando o que ela faz que você admira e de que maneira ela influencia o seu comportamento.

Roberto Weigand/Arquivo da editora

PLANEJAMENTO DO TEXTO

Para escrever a sua carta, siga estas orientações:

- Escolha o destinatário, isto é, para quem você vai escrever a carta: pode ser uma pessoa de verdade, da sua família, da escola ou da TV ou pode ser um personagem de filme, série, histórias em quadrinhos ou contos maravilhosos.
- Combine com o professor se a carta será entregue ao destinatário ou se será aberta, exibida no lançamento da campanha.
- Planeje o que vai escrever: Por que você escolheu essa pessoa? O que você mais admira nela? Como e por que ela influencia o seu jeito de ser?
- Defina como você vai tratar essa pessoa, se vai utilizar uma linguagem como a das nossas conversas do dia a dia com amigos próximos ou uma linguagem com um jeito mais distante, como a que usamos quando falamos com pessoas que não conhecemos muito bem.
- Escolha as formas mais adequadas de cumprimentar e de se despedir dessa pessoa em sua carta.

REVISÃO E REESCRITA

Antes de finalizar sua carta, verifique:

- Você colocou o nome do destinatário e assinou a carta?
- Você explicou por que admira essa pessoa e falou das atitudes dela que influenciam de forma positiva o seu jeito de ser?
- Você tratou essa pessoa da forma como pretendia: como um amigo próximo ou como uma pessoa que você não conhece tão bem?
- As formas de cumprimentar e de se despedir estão adequadas?

Envie a carta para o destinatário ou, se quiser que outras pessoas leiam o que você escreveu, publique-a no *site* da escola ou no *blog* da turma. As cartas também serão expostas durante a campanha que vocês vão desenvolver no final da unidade.

DIVIRTA-SE

Você é capaz de descobrir qual das imagens recortadas **não** faz parte da pintura?

Bridgeman Images/Fotoarena Alexander Laktionov/Galeria Tretyakov, Moscou, Rússia

Carta do front (1947), de Alexander Laktionov.

Bridgeman Images/Fotoarena Alexander Laktionov/Galeria Tretyakov, Moscou, Rússia

Bridgeman Images/Fotoarena Alexander Laktionov/Galeria Tretyakov, Moscou, Rússia

Reprodução/Museu de Arte do Estado de Altai Krai, Barnaul

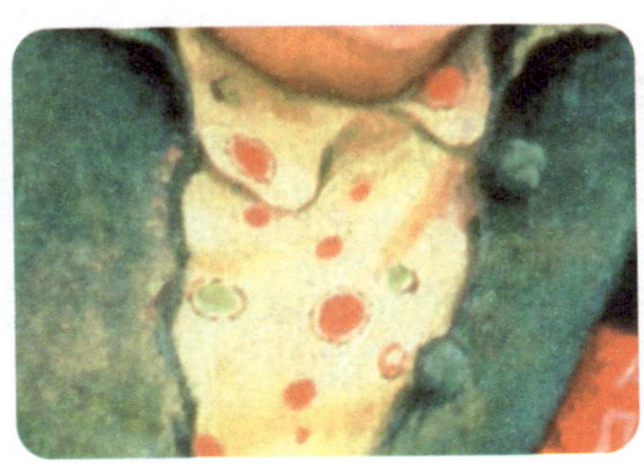

Bridgeman Images/Fotoarena Alexander Laktionov/Galeria Tretyakov, Moscou, Rússia

OFICINA DE CRIAÇÃO

PROJETO: CAMPANHA *EU SOU ASSIM!*

Dando continuidade à organização da campanha planejada por vocês ao longo dos capítulos desta unidade, planeje com os colegas um evento de lançamento da campanha *Eu sou assim!*. Nesse dia, vocês vão expor os cartazes, distribuir os folhetos, apresentar canções e cantigas e divulgar ao público algumas cartas.

Com essa campanha, todos poderão compreender a importância de respeitar cada pessoa do jeito que ela é.

1. O CONVITE

Definam com o professor como vão convidar o público para o lançamento da campanha: vocês podem fazer folhetos ou cartazes, como aprenderam no capítulo 2, informando o dia e o horário do evento. Vocês também podem fazer um vídeo convidando o público e divulgar a campanha no *site* da escola ou compartilhar as informações por aplicativos de mensagens.

2. A CAMPANHA

Organizem um espaço que conte a história da campanha, onde vocês vão expor os cartazes e distribuir ao público visitante os folhetos produzidos no capítulo 2.

3. EXPOSIÇÃO SOBRE GOSTOS MUSICAIS

Exponham os cartazes elaborados no capítulo 1 para mostrar o perfil dos gostos musicais da turma. Montem também um painel com as fichas das entrevistas para que os convidados vejam as respostas individuais.

Vocês podem, ainda, organizar um espaço interativo, reproduzindo as fichas das entrevistas e pedindo aos visitantes que as preencham. Deixem um mural disponível para que eles afixem as fichas preenchidas a fim de que o gosto individual do público também seja valorizado. Deem um título para esse mural que mostre a diversidade de gostos pessoais e que convide as pessoas a afixar suas fichas.

Filipe Rocha/Arquivo da editora

4. APRESENTAÇÃO MUSICAL

Apresentem a música "Pé de nabo" e a cantiga ensaiada pela turma no capítulo 2. Se quiserem, vocês podem se dividir em grupos e ensaiar as outras canções indicadas na abertura desta unidade, em "Músicas". Todas elas abordam o jeito de ser de cada pessoa e podem sensibilizar o público para o tema da campanha.

Jean Galvão/Arquivo da editora

5. GOSTO DE VOCÊ DO JEITO QUE VOCÊ É!

Escolham, entre as cartas que vocês escreveram no capítulo 3, aquelas que vocês gostariam de tornar públicas para que todos os visitantes do evento vejam a admiração e o reconhecimento que vocês têm pelo destinatário da carta.

Montem um painel bem bonito para afixar as cartas e, se quiserem, coloquem fotografias ou outras imagens nas quais apareçam o autor da carta, o destinatário, algum lugar especial mencionado na carta, etc.

Jean Galvão/Arquivo da editora

UNIDADE

2 AMIGOS

Amigo para brincar, para jogar ou torcer junto, para contar segredos, para ajudar e ser ajudado... E até para brigar e depois fazer as pazes! Enfim, a vida com amigos tem sabor de amizade, de puro carinho!

Monkey Business Images/Shutterstock

Amigos

Há no planeta inteiro
um desejo de fabricar amigos.
Todos saem de casa
com suas roupas floridas
e anzóis nos olhos
e os corações, como bolsos,
cheios de amor.
Nas ruas homens e mulheres
sorriem, dizem sim para a vida.

(Roseana Murray. *Fábrica de poesia*. São Paulo: Scipione, 2008. p. 13.)

Roberto Weigand/Arquivo da editora

DIVIRTA-SE... E FIQUE POR DENTRO!

FILMES

Reprodução/Onyx Films/Orange Studio/On Entertainment

- *O pequeno príncipe*, de Mark Osborne.
  Baseado na obra de Saint-Exupéry, o filme conta a história de uma menina que se muda com a mãe para uma nova casa. Lá conhece o vizinho, um ex-aviador, que lhe conta a intrigante história de um pequeno príncipe que vive em um asteroide com sua rosa. A história, que tem inspirado muitas gerações de crianças, nos faz pensar sobre o que é amizade.
- Conheça também outros exemplos de grandes amizades assistindo aos filmes *Scooby-Doo*, de Tony Cervone; *Pets unidos!*, de Reinhard Klooss; *Christopher Robin — Um reencontro inesquecível*, de Marc Forster; *Turma da Mônica — Laços*, de Daniel Rezende; e ao curta *O monge e o cãozinho — Amizade verdadeira*, de Tom Long, disponível no YouTube.

SITES

Divirta-se com seus amigos participando de muitos jogos e brincadeiras ou criando histórias em quadrinhos nos *sites*:

- https://www.divertudo.com.br/
- www.canalkids.com.br/portal/index.php
- www.thomasandfriends.com/pt-br
- www.canva.com
- www.pixton.com/br/

Reprodução/Divertudo

LIVROS

Reprodução/ Editora Salamandra

Vá à biblioteca da escola ou à biblioteca do bairro ou da cidade onde você mora e veja se os livros indicados a seguir estão disponíveis para empréstimo. Se não estiverem, selecione outros sobre o tema desta unidade.

- *A fabulosa máquina de amigos*, de Nick Bland (Brinque-Book).

  Pipoca, uma galinha muito simpática, vivia na fazenda Fricotico. Gostava de cumprimentar todos que encontrava e adorava contar histórias para os outros animais. Até que encontrou, no celeiro, um retângulo iluminado que dizia "Olá!". Pipoca ficou encantada com a simpatia daquele objeto misterioso e resolveu dizer "Olá!" também. Depois disso, não parou de fazer amigos, mas...
- Leia também: *Amigos do peito*, de Cláudio Thebas (Formato); *Um gato chamado gatinho*, de Ferreira Gullar (Salamandra); *Meu amigo dinossauro*, de Ruth Rocha (Melhoramentos); *Os dez amigos*, de Ziraldo (Melhoramentos).

MÚSICAS

Reprodução/Melhoramentos

- Ouça as canções "Mamãe tamo chegando?", do CD *Pequeno cidadão 2*, de Edgard Scandurra e outros; "Amigo, estou aqui", tema do filme *Toy Story*; "Ouça bem, meu caro amigo" e "Ciranda dos pares", de Bia Bedran; "Vem dançar com a gente", de Paulo Tatit e Sandra Peres, do DVD que acompanha o livro *As melhores brincadeirinhas musicais da Palavra Cantada* (Melhoramentos); "Amiguinho", do grupo Carrossel; "Você e eu", do grupo Balão Mágico.

OFICINA DE CRIAÇÃO

PROJETO: MOSTRA DE HISTÓRIAS EM QUADRINHOS

Participe da preparação e da realização, na escola, de uma mostra de histórias em quadrinhos.

Jean Galvão/Arquivo da editora

CAPÍTULO 1

COLEÇÃO DE AMIGOS

LEITURA DE IMAGEM

Leia este texto de Ziraldo, o criador do personagem Menino Maluquinho:

© Ziraldo Alves Pinto/Acervo do cartunista

(*Curta o Menino Maluquinho... em histórias rapidinhas*. São Paulo: Globo, 2006.)

1 Junim está mostrando suas coleções ao Menino Maluquinho. Marque as coleções que ele tem:

- ◯ bolinhas de gude
- ◯ soldadinhos
- ◯ selos
- ◯ corujinhas
- ◯ figurinhas
- ◯ canetas

2 No quarto de Junim ainda há outras coleções. Escreva, ao lado da figura, o nome de cada coleção:

Ilustrações: © Ziraldo Alves Pinto/ Acervo do cartunista

____

____

Ilustrações: © Ziraldo Alves Pinto/Acervo do cartunista

3 A graça da história está no último quadrinho porque o Menino Maluquinho surpreende a todos. Responda oralmente: Qual é a surpresa?

4 O nome da história é "O colecionador". Responda oralmente:

a) O que faz um colecionador?

b) Quem é o colecionador na história?

QUEM É ZIRALDO?

Ziraldo nasceu em 1932 em Caratinga, Minas Gerais. Formou-se em Direito, mas já era desenhista desde menino e atuou como colaborador de vários jornais e revistas.
Sua primeira revista em quadrinhos foi *Pererê*, lançada em 1960. Depois, publicou diversas obras de literatura infantil, como *Flicts* (1969), e ficou nacionalmente conhecido entre as crianças com o lançamento de *O Menino Maluquinho*, em 1980.
Dentre seus livros, destacam-se também *O menino marrom*, *Vovó Delícia*, *Meninos morenos*, *O menino da Lua* e *Diário de Julieta*.

Ricardo Borges/Folhapress

5 No último quadrinho, aparecem alguns dos amigos do Menino Maluquinho.

a) Será que você conhece todos? Troque ideias com os colegas e ligue com um traço os personagens aos nomes.

Dicas: Lúcio é estudioso e adora ler; Bocão tem a boca grande; Julieta é líder das brincadeiras e apaixonada pelo Menino Maluquinho; Carolina é uma menina certinha, que sonha com um mundo melhor.

JULIETA

LÚCIO

BOCÃO

CAROLINA

Ilustrações: © Ziraldo Alves Pinto/Acervo do cartunista

b) Observe a expressão no rosto de Junim. Que reação ele teve diante da ideia do Menino Maluquinho? Responda oralmente.

c) O que os outros amigos acharam dessa ideia? Por quê? Responda oralmente.

DE OLHO NA ORALIDADE: RODA DE CONVERSA SOBRE A AMIZADE

Organize-se em um círculo com os colegas da turma e conversem sobre os seguintes assuntos:

1. Você gosta de ter muitos amigos? Por quê?
2. Que diferença existe entre "ter amigos" e ser "colecionador de amigos"?

A LINGUAGEM DO TEXTO

1. Ao ver as coleções de Junim, o Menino Maluquinho diz: "Que maneiro!". O que ele quer dizer com essa expressão? Escreva:

____

2. Junim pergunta ao Menino Maluquinho por que ele também não coleciona alguma coisa. E ele responde "Isso aí!". O que quer dizer essa expressão no texto? Marque:

◯ Não gosto. ◯ Boa ideia! ◯ Eu não!

REFLEXÃO SOBRE A LINGUAGEM

DE OLHO NA LEITURA E NA ESCRITA: A SÍLABA

Além de termos como amigos outras crianças, podemos considerar os animais nossos amigos. E, na falta de um bicho de estimação de verdade, até um bichinho de pelúcia pode ser nosso amigão! Leia esta história em quadrinhos de Ziraldo:

Bicho estranho

[...]

VAMOS PERGUNTAR PRA QUEM SABE. O LÚCIO TÁ CHEGANDO AÍ!
OI, TURMA. QUAL É A BRINCADEIRA?
LÚCIO, EXISTE ALGUM BICHO DE VERDADE PARECIDO COM ISTO AQUI?
EXISTE!
VIU, SEUS ESPERTINHOS! EU SEI TUDO DE BICHO!
ISTO É UM ORNITORRINCO!
ORNIN... O QUÊ?!
ORNITORRINCO. UM MAMÍFERO DA ORDEM DOS MONOTREMADOS QUE SÓ EXISTE NA AUSTRÁLIA!

(*Bocão e os bichos*. 2. ed. São Paulo: Globo, 2010. p. 9-11.)

1. As crianças descobriram um bicho de pelúcia estranho no quarto de Nina. Qual é o bicho? Escreva:

____

2. Menino Maluquinho disse que Nina está "virando bicho". Responda oralmente: O que ele quis dizer quando usou essa expressão?

3. O ornitorrinco é um animal diferente porque tem partes que parecem não combinar, como se tivessem sido retiradas de outros animais. Ligue as comparações feitas:

BICO

Ilustrações: Ilustra Cartoon/Arquivo da editora

PELO

CABEÇA

RABO

4 Bocão diz: "EU SÓ FALO QUANDO TENHO CER-TE-ZA!".

a) Pronuncie a palavra **CER-TE-ZA** do modo como Bocão falou.

b) Responda oralmente: Por que Bocão disse essa palavra desse modo?

5 A palavra **CER-TE-ZA** foi dividida em partes menores, chamadas **sílabas**. Em cada uma dessas sílabas há uma vogal. Quantas sílabas tem a palavra **CERTEZA**?

____

6 Além de ser dividida em sílabas, a palavra **CERTEZA** também pode ser dividida em letras. Primeiro, preencha as casas com as sílabas e depois com as letras de cada sílaba:

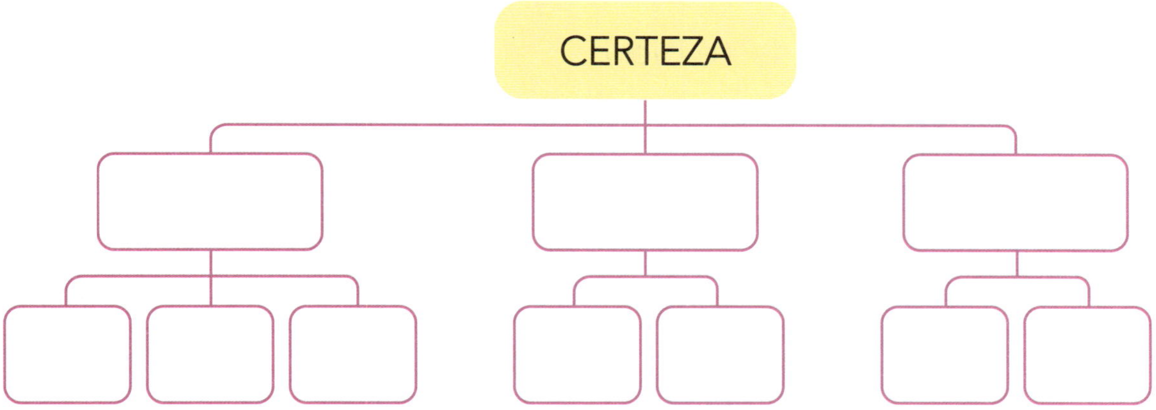

7 Seguindo o exemplo anterior, divida a palavra **MACACO** em sílabas e letras:

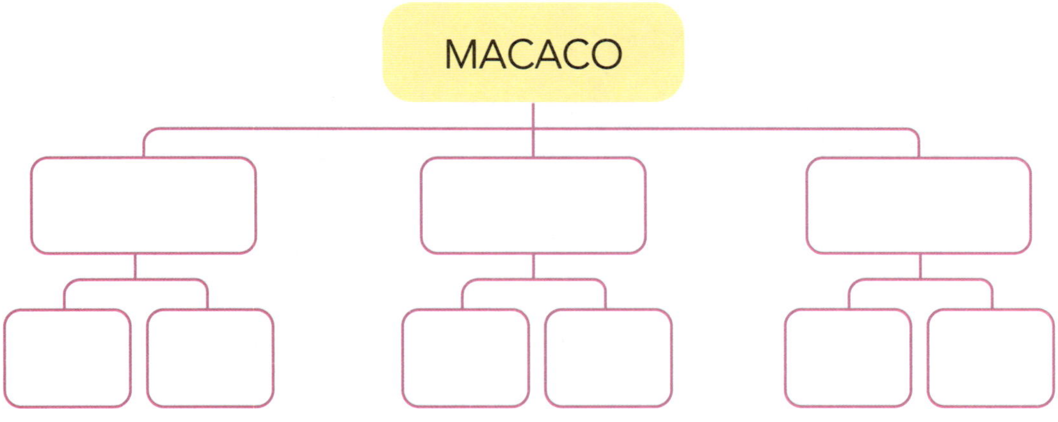

8. Conte:

a) Quantas sílabas tem a palavra MACACO?

____

b) Quantas letras tem essa palavra?

____

9. Pronuncie as palavras em voz alta e coloque, ao lado delas, o número de sílabas de cada uma:

RABO: ______ sílabas

PELO: ______ sílabas

MONSTRINHO: ______ sílabas

BRINCADEIRA: ______ sílabas

MAMÍFERO: ______ sílabas

10. Escreva o nome deste bicho:

Ilustra Cartoon/Arquivo da editora

11. Qual das palavras abaixo se inicia com a mesma sílaba inicial do nome que você escreveu? Marque com um X:

Ilustrações: Ilustra Cartoon/Arquivo da editora

PEIXE	PÔNEI	PAPAGAIO	PORCO

12 Qual das palavras abaixo se inicia com a sílaba final de **ORNITORRINCO**?

Ilustrações: Ilustra Cartoon/Arquivo da editora

CROCODILO	CASTOR	COBRA	CUTIA

TIPOS DE SÍLABA

As sílabas sempre têm pelo menos uma vogal. Há sílabas com uma única consoante e sílabas com mais de uma consoante.

1 Observe as sílabas destacadas destes nomes de animais:

ARANHA **JA**CARÉ **CAS**TOR

CROCODILO **ES**QUILO

Das sílabas destacadas, identifique e escreva uma que seja formada por:

a) só uma vogal: ______________________________

b) vogal + consoante: ______________________________

c) consoante + vogal: ______________________________

d) consoante + vogal + consoante: ______________________________

e) consoante + consoante + vogal: ______________________________

2 Observe estas palavras da história em quadrinhos que você leu:

OLHA SÓ ORNITORRINCO JACARÉ
MONSTRINHO MAMÍFERO MONOTREMADOS
BICO QUARTO NÃO MACACO

Lembrando que em cada sílaba há pelo menos uma vogal, agrupe as palavras do painel de acordo com o número de sílabas:

Palavras com 1 sílaba	**Palavras com 2 sílabas**	**Palavras com 3 sílabas**	**Palavras com 4 sílabas**	**Palavras com 5 sílabas**

3 Complete o nome destes bichos com as sílabas que faltam:

Ilustrações: Ilustra Cartoon/Arquivo da editora

______BRA ______RILA ______BO ______CEGO

PAN______ POM______ PE______ POL______

BRINCANDO COM PALAVRAS

Ser amigo também significa ser solidário com os pequenos. Leia esta tira com a ajuda do professor e dos colegas:

(Nik. *Gaturro*. Buenos Aires: Ediciones de La Flor, 2009. v. 14, p. 24.)

1. Gaturro vê Gaturrito dormindo e estranha o balão com a letra **N**. Responda oralmente: O que Gaturro fez com Gaturrito?

2. Observe a letra **N** e vire seu livro. Em que letra ela se transforma?

   Escreva: ☐

3. Em histórias em quadrinhos, o que significa um balão com a letra **Z**? Responda oralmente.

4. Você acha que, depois de ter feito o que fez, Gaturro ficou satisfeito?

   ◯ Sim ◯ Não

5 O que significa a palavra **TUC**, no 3º quadrinho?

( ) O barulho de Gaturro batendo em Gaturrito.

( ) O barulho de Gaturro desvirando Gaturrito.

6 Ligue as figuras aos sons:

Ilustrações: Felipe Camêlo/Arquivo da editora

TIQUE-TAQUE!

BLEM! BLEM!

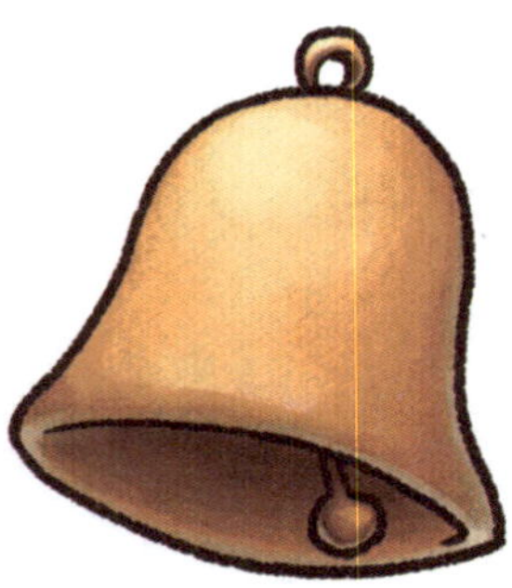

TOC! TOC!

TRIIIM!

7 Gaturro diz: "ESTAVA TORTO". Compare essas palavras:

TORTO   ESTAVA

a) Quantas sílabas tem a palavra **TORTO**? ______________________

b) E a palavra **ESTAVA**? ______________________

c) Indique uma sílaba dessas palavras que tenha esta estrutura:

- vogal + consoante: ______________________
- consoante + vogal + consoante: ______________________
- consoante + vogal: ______________________

Leia este poema de Sérgio Capparelli com a ajuda do professor e dos colegas:

Musiquinha chata

Mané
Dó ré
Foi lá
Mi fá
Catá
Sol lá
Jiló
Si dó.

Mané } bis
Mané

Do ré
Mané
Mi fá
Foi lá
Sol lá
Catá
Si dó
Jiló

Mané } bis
Mané

Biry Sarkis/ Arquivo da editora

(*111 poemas para crianças*. Porto Alegre: L&PM, 2003. p. 107.)

8 Qual é o título do poema?

____

9 Responda oralmente: Por que o poema recebeu esse título?

10 O poema apresenta um ritmo forte, por isso se parece com uma música. Quer saber como o ritmo é feito? Responda:

a) Quantas sílabas tem a palavra **Mané** do primeiro verso (primeira linha)?

____

b) Quantas palavras há no segundo verso? Quantas sílabas tem cada palavra?

____

c) Agora olhe todos os outros versos do poema. Quantas sílabas há em cada um?

____

11 Responda:

a) Que palavra rima com **Mané**? _______________________

b) Que palavras rimam com **lá**? _______________________

c) Que palavra rima com **jiló**? _______________________

12 Escreva quatro palavras do poema que tenham uma única sílaba e quatro palavras com duas sílabas.

Palavras com 1 sílaba		Palavras com 2 sílabas

13 Vamos jogar forca? Junte-se a um colega e combinem a vez de cada um descobrir uma palavra.

a) Nome de uma fruta brasileira com 3 sílabas:

Felipe Camêlo/Arquivo da editora

Adolar/Arquivo da editora

G ___ ___ ___ ___ ___ Á

b) Nome de um animal com 4 sílabas:

Adolar/Arquivo da editora

Felipe Camêlo/Arquivo da editora

E ___ ___ ___ ___ ___ ___ E

c) Nome de uma flor com 4 sílabas:

Felipe Camêlo/Arquivo da editora

Adolar/Arquivo da editora

M ___ ___ ___ ___ ___ ___ ___ A

d) Nome de uma brincadeira com 5 sílabas:

Adolar/Arquivo da editora

A ___ ___ ___ ___ ___ ___ ___ ___ A

Ilustra Cartoon/Arquivo da editora

DE OLHO NA ORALIDADE: DECLAMANDO POEMA

Faça, com toda a turma, a leitura expressiva do poema "Musiquinha chata", acentuando bastante o ritmo e as rimas. E divirta-se!

PRODUÇÃO DE TEXTO

HISTÓRIA EM QUADRINHOS (I)

Observe estes quadrinhos:

© Ziraldo Alves Pinto/Acervo do cartunista

Jean Galvão/Acervo do cartunista

Note que os balões indicam a fala ou o pensamento do personagem. Compare o balão do 1º quadrinho ao balão do 2º quadrinho.

1 Responda oralmente:

a) Qual deles indica a fala do personagem? Por quê?

b) E qual indica o pensamento do personagem? Por quê?

2 Compare os tipos de balão a seguir. Sabendo que há balão de pensamento, de cochicho, de grito e de fala, identifique cada um e escreva o nome deles.

balão de ____________________

balão de ____________________

balão de ____________________

balão de ____________________

3 Agora observe este outro quadrinho:

© Ziraldo Alves Pinto/Acervo do cartunista

Responda oralmente:

a) Por que há setas voltadas para todos os personagens?

b) Por que o balão é tremido, diferente do balão de Bocão da página anterior?

AGORA É A SUA VEZ

Junte-se a um colega para realizar as atividades a seguir.

1 Leiam esta história em quadrinhos:

(Nik. *Gaturro*. Cotia-SP: Vergara & Riba, 2008. v. 1, p. 5.)

Imaginem o que Gaturro pensou depois que levou um banho com a água do aquário e escrevam no balão de pensamento.

2 Leiam esta tira:

Imaginem o que os personagens podem ter falado um para o outro e o que a mãe pode ter pensado. Depois, escrevam nos balões.

© Ziraldo Alves Pinto/Acervo do cartunista

3 A tira a seguir tem três quadrinhos. O último foi eliminado para que vocês o recriem. Imaginem como termina a tira, façam o desenho e escrevam o texto em um balão de fala ou de pensamento.

Fernando Gonsales/Acervo do cartunista

(Fernando Gonsales. *Níquel Náusea — Os ratos também choram*. São Paulo: Bookmakers, 1999. p. 18.)

4 Criem uma tira com três quadrinhos, seguindo as orientações abaixo.

PLANEJAMENTO DO TEXTO

Jean Galvão/Arquivo da editora

- Primeiro, imaginem os personagens que viverão a história: meninos, meninas, bichos, etc. Depois, pensem nas características físicas de cada um.
- Imaginem os fatos da história. O que vai acontecer?
- Pensem no lugar em que os fatos ocorrerão.
- Façam um rascunho da tira, considerando que desenho deve aparecer em cada quadrinho para contar a história que vocês planejaram.
- Desenhem os três quadrinhos em uma folha de papel, deixando um bom espaço para os balões.
- Desenhem os personagens e a situação.
- Criem falas ou pensamentos para cada personagem.
- Façam balões de fala ou de pensamento.

REVISÃO E REESCRITA

Jean Galvão/Arquivo da editora

- Releiam a história, observando se os personagens e a situação estão bem desenhados e se os balões de fala ou de pensamento estão bem legíveis.

- Vejam se o rabicho dos balões está direcionado para a boca ou para a cabeça dos personagens.
- Troquem com outra dupla a história que criaram para que os colegas façam comentários. Se eles encontrarem alguma falha, corrijam o que for necessário. Para finalizar, pintem os desenhos com lápis de cor.

Guardem a tira para expor na mostra de quadrinhos que deverá ser realizada no final da unidade.

DIVIRTA-SE

Perdi meu coelhinho

Forme uma roda com os colegas. Todos devem se sentar e apenas um dos participantes deve ficar em pé, fora do círculo.

Todos serão coelhinhos. O participante que está fora do círculo deve caminhar ao redor dos colegas, dizendo "Perdi meu coelhinho!". De repente, toca o ombro de um dos participantes e diz: "Achei meu coelhinho!". Os dois devem correr, cada um para um lado do círculo. Quem chegar primeiro ao lugar livre se senta e o que ficou em pé continua a brincadeira.

Jean Galvão/Arquivo da editora

CAPÍTULO 2 O QUE É SER AMIGO?

Leia o texto a seguir, de Ziraldo, com o auxílio do professor e dos colegas, se necessário.

LEITURA

TEXTO 1

Dia do amigo

No dia 20 de julho comemoramos o Dia do Amigo, e quando eu comecei a pensar sobre amizade [...], minha cabeça deu mil voltas. Pensei nas coisas legais que faço com meus amigos, mas também lembrei de algumas brigas e chateações passageiras. Comecei, então, a perceber que ter amigos é muito mais legal do que eu pensava! Sabe por quê? Porque os amigos são pessoas que nos fazem aprender coisas importantes sobre a vida! E você sabe como eles fazem isso? Sabe o que é ser amigo?

Ilustrações: © Ziraldo Alves Pinto/ Acervo do cartunista

Ser amigo é...

... fazer uma fofoquinha de quem a gente mais gosta. É pisar na bola sem querer só porque, de vez em quando, nossos amigos fazem coisas que não conseguimos entender.

[...]

Ser amigo é...

[...] É pedir desculpas, reconhecer nossos erros, respeitar as diferentes opiniões, perdoar quem gosta da gente e trocar declarações. É desejar ao nosso amigo sempre o bem, mesmo que a ideia dele não seja igual à de mais ninguém.

[...]

Ser amigo é...

... saber descansar das travessuras e encontrar diferentes maneiras de experimentar novas aventuras. É gostar de ficar quietinho, nem que seja só por um minutinho, descobrindo um mundo vivo nesse grande amigo chamado livro!

Ser amigo é...

... amar e respeitar nossos primeiros amigos, que são nossos pais. Eles brigam, e dizem coisas que não gostamos de ouvir, mandam a gente escovar os dentes, tomar banho e dormir. Em alguns dias, choramos; em outros, rimos sem parar, pois sabemos que esses amigos nunca vão nos abandonar.

Ser amigo é...

... estar sempre perto quando aquele amigo do peito mais precisa de nós. É fazer companhia, levar um pouco de alegria quando ele estiver doente, não puder sair da cama, tiver sofrido um acidente ou só precisar saber que tem muita gente que o ama.

[...]

Tentei fazer tudo rimado para mostrar a relação, pois as rimas vão lado a lado, como os amigos do coração.

Ilustrações: © Ziraldo Alves Pinto/ Acervo do cartunista

(Disponível em: http://meninomaluquinho.educacional.com.br/PaginaExtra/default.asp?id=2259. Acesso em: 8/12/2020.)

OS SENTIDOS DO TEXTO

1 Ziraldo, o criador do personagem Menino Maluquinho, escreveu o texto em comemoração a um dia especial.

a) Qual é esse dia?

____

b) Quando ele é comemorado?

____

2 Ziraldo diz o que é ser amigo para ele, mostrando seis situações ou cenas.

Na primeira situação, ele explica por que tinha afirmado antes que a amizade também tem algumas "brigas e chateações". Qual é a causa das brigas? Marque:

( ) inveja
( ) fofoca
( ) vergonha
( ) xingamento

3 De acordo com a segunda situação:

a) Para sermos amigos de alguém, é necessário pensar igual? Responda oralmente.

b) Que palavra ou expressão do texto comprova sua resposta? Marque:

( ) "fazer uma fofoquinha"
( ) "fazer companhia"
( ) "ficar quietinho"
( ) "respeitar as diferentes opiniões"

4 No texto, são considerados amigos:

◯ os pais

◯ a turma

◯ os livros

◯ os objetos

5 Quando o amigo "mais precisa de nós"? Escreva:

____

____

____

____

6 Compare os personagens que fazem parte da turma do Menino Maluquinho:

© Ziraldo Alves Pinto/Acervo do cartunista

a) Fisicamente, eles são parecidos ou diferentes entre si?

____

b) Justifique sua resposta oralmente, comentando quais são as diferenças físicas entre eles.

7 Observe a última imagem do texto, que mostra os amigos juntos:

© Ziraldo Alves Pinto/Acervo do cartunista

a) Como os personagens estão? Escreva:

____

____

____

____

____

____

b) Que sentimentos a imagem expressa? Escreva:

____

____

____

____

____

TEXTO 2

Leia agora esta história em quadrinhos, de Mauricio de Sousa:

(*Revista Mônica*, n. 209, Editora Globo.)

1 A árvore das amizades é uma "árvore imaginária". O que é isso? Responda oralmente.

2 A que são comparados os amigos nessa árvore?

____

3 As frutas dessa árvore são todas iguais?

____

4 Mônica diz: "Até mesmo eu, que sou uma menina independente e autossuficiente... de vez em quando, preciso regar a minha árvore com...". Responda oralmente:

a) A palavra **autossuficiente**, no texto, significa:

( ) Aquele que não depende de ninguém.

( ) Aquele que quer ser mais do que os outros.

b) Na sua opinião, como a Mônica iria completar essa frase? Com que se rega a árvore da amizade? Responda oralmente.

5 Mônica diz que também **costumava ser** orgulhosa. Ela ainda é orgulhosa hoje? Responda oralmente.

A LINGUAGEM DO TEXTO

1 No texto 1, Ziraldo diz: "quando eu comecei a pensar sobre amizade [...], minha cabeça deu mil voltas". O que quer dizer a expressão "deu mil voltas" nessa frase?

____

2 Segundo Ziraldo, às vezes nós "pisamos na bola" com um(a) amigo(a). Responda oralmente: O que é "pisar na bola" com alguém?

____

3 No final do texto 1, Ziraldo diz: "Tentei fazer tudo rimado para mostrar a relação, pois as rimas vão lado a lado, como os amigos do coração".

a) Explique oralmente: O que são os "amigos do coração"?

____

b) Ligue as palavras que são amigas no texto, ou seja, que rimam:

querer	ninguém
dizer	abandonar
cama	livro
bem	acontecer
vivo	quis
parar	ama
feliz	entender
travessuras	aventuras

4 Mônica usa a palavra **autossuficiente** para dizer que ela se satisfaz consigo mesma. Da mesma forma, poderia usar a palavra **autodestrutiva** se quisesse dizer que ela destrói a si mesma. Quais palavras ela poderia usar se quisesse dizer que:

a) Ela confia em si mesma?

____

b) Ela critica a si mesma?

____

TROCANDO IDEIAS

© Ziraldo Alves Pinto/Acervo do cartunista

1. No texto de Ziraldo, os pais são chamados de "nossos primeiros amigos". Você considera os seus pais como amigos? Por quê?

2. Ziraldo afirma que "os amigos são pessoas que nos fazem aprender coisas importantes sobre a vida!". O que você já aprendeu com amigos? Conte para os colegas.

3. Na história da Mônica, ela parece ter recebido uma lição dos amigos. O que você acha que pode ter acontecido com ela?

REFLEXÃO SOBRE A LINGUAGEM

AS ONOMATOPEIAS

Nos quadrinhos, é comum haver palavras que indicam som ou ruído. Elas são chamadas de **onomatopeias**. No quadrinho da história que você leu no capítulo 1, há uma onomatopeia que imita o rugir de um animal feroz: **GRRRR!!!**. Veja:

© Ziraldo Alves Pinto/Acervo do cartunista

1 Responda: As onomatopeias a seguir imitam o som de quê?

a)

Fernando Gonsales/Acervo do cartunista

(*Níquel Náusea: tédio no chiqueiro.* São Paulo: Devir, 2006. p. 9.)

b)

© Armandinho, de Alexandre Beck/Acervo do cartunista

c)

Fernando Gonsales/Acervo do cartunista

d)

(Mauricio de Sousa. *As melhores tiras da Mônica*. São Paulo: Globo, 2006. p. 24.)

e)

(Mauricio de Sousa. *Chico Bento*, n. 445.)

f)

(Mauricio de Sousa. *Cascão*, n. 448.)

g)

2 Escreva palavras que imitam o som feito por:

Ilustrações: Edson Farias/Arquivo da editora

DE OLHO NA LEITURA E NA ESCRITA: EMPREGO DE P, B, T, D, C, G

Pessoas amigas costumam ser carinhosas entre si. Leia este texto, de Adriana Falcão:

Carinho

Presente enviado pelo coração cujo
portador pode ser mão, boca,
gesto ou palavra.

(*Pequeno dicionário de palavras ao vento*. 2. ed. São Paulo: Planeta, 2005. p. 22.)

1 Sobre o texto "Carinho", responda:

a) Quantas sílabas tem a palavra **carinho**?

____

b) Qual é a sílaba inicial dessa palavra? Escreva:

c) Que outra palavra do texto contém a mesma sílaba inicial de **carinho**? Escreva:

____

d) Que outras palavras do texto também começam com a letra **c**?

____

Agora veja o que Adriana Falcão considera que é um **goleiro**:

Goleiro

Alguém em quem se coloca a culpa do gol.

(*Idem*, p. 51.)

Roberto Weigand/Arquivo da editora

2 A palavra **goleiro** nasceu da palavra **gol**. Que outras palavras que você conhece também são dessa mesma família?

____

____

3 Forme outras palavras, trocando a letra **C** das palavras a seguir pela letra **G**. Siga o exemplo:

CALO → **G**ALO

a) COLA → ______________________

b) COMA → ______________________

c) PECA → ______________________

d) COLE → ______________________

e) CATO → ______________________

f) COMO → ______________________

g) FRANCO → ______________________

Quem nunca viu um filme ou leu uma história sobre pirata e seu inseparável amigo, o papagaio? Com o auxílio do professor e dos colegas, leia este poema:

Pepe e Papacopaco

Pepe é um pirata
da perna de pau.
Não tem medo de nada, não!
Tem um papagaio,
o Papacopaco,
que prefere comer pão!
Pppppp
Faz o pé de pau do Pepe
no tombo do navio,
no meio do mar...
Pppppp
O Papacopaco pia,
e Pepe grita: Todos a remar!

Filipe Rocha/Arquivo da editora

(Fernanda Sander. *Poesia passarinha — Poesia (in)completa para crianças*. São José dos Campos, SP: Fernanda Sander Canabrava Bincoleto, 2019. p. 76.)

4 Qual é o nome do pirata?

___

5 E qual é o nome do papagaio?

___

6 Releia os dois primeiros versos do poema em voz alta. Note que há um som que se repete várias vezes no começo das palavras. Que letra representa esse som? Escreva-a.

☐

7 Circule essa letra em todas as palavras em que ela aparece no poema.

8 Pepe tem uma perna de pau. Qual é o som que ela faz no piso do navio?

___

9 Dentro da palavra **PAPACOPACO**, podemos encontrar outras palavras. É só juntar as sílabas ou as letras. Veja:

PAPACOPACO
PAPA
COPA

Forme outras palavras usando as sílabas da palavra **PAPAGAIO**.

___

___

10 Indique o número de letras e de sílabas destas palavras:

a) PEPE: ________ letras e ________ sílabas.

b) PAPACOPACO: ________ letras e ________ sílabas.

c) PIRATA: ________ letras e ________ sílabas.

d) REMAR: ________ letras e ________ sílabas.

11 As letras **Pppppp** formam uma onomatopeia. Troque ideias com os colegas: É possível dividir essa onomatopeia em sílabas? Por quê?

12 O Papacopaco **pia**. O que fazem estes outros animais?

a) cachorro: ____________________________

b) gato: ____________________________

c) cavalo: ____________________________

d) galinha: ____________________________

e) galo: ____________________________

f) pato e ganso: ____________________________

13 Agora, observe estas palavras do poema:

PIRATA
TEM
TOMBO
TODOS

Filipe Rocha/Arquivo da editora

Circule a única letra que está presente em todas as palavras.

14 Forme outras palavras, trocando a letra **D** da palavra **TODO** por outras consoantes:

T	O	D	O
T	O		O
T	O		O
T	O		O
T	O		O

15 Faça o mesmo: forme outras palavras trocando a letra **B** por outras consoantes:

B	O	L	A
	O	L	A
	O	L	A
	O	L	A
	O	L	A

DE OLHO NA ORALIDADE: DECLAMANDO POEMA

Junte-se a mais dois colegas da turma e, com as orientações do professor, façam uma leitura expressiva do poema "Pepe e Papacopaco". Leiam várias vezes, explorando bastante a sonoridade do texto. Quando a leitura ficar boa, leiam para toda a turma ouvir.

Pepe e Papacopaco

(Todos)

Pepe é um pirata
Da perna de pau.
Não tem medo de nada, não!

(Aluno 1)

Tem um papagaio,
O Papacopaco,
Que prefere comer pão!

(Aluno 2)

Filipe Rocha/Arquivo da editora

Pppppp
Faz o pé de pau do Pepe
No tombo do navio,
No meio do mar...
Pppppp

(Aluno 3)

O Papacopaco pia,
E Pepe grita: — Todos a remar!

(Todos)

BRINCANDO COM PALAVRAS

Leia este poema:

Tempestade

O vento VVVVVVVVVU!
A pedra PÁÁÁÁÁÁ!
O fogo FISCHHHHHH!
O carro VRRRRUM!
O trovão BRRRBUM!
A chuva CHUÁÁÁ!
A porta BLAM!
A bola PLÁÁÁ!
O grilo CRIIIIIII!
A janela CRÁÁÁ!
A mamãe ÓÓÓÓÓÓ!
O menino IIIIIIIIIIIH!
O gato MIAAAAU!
O cachorro AU-AU!
A menina RÁ-RÁ!

Roberto Weigand/Arquivo da editora

(Regina Chamlian. *Rãzinha cantora*. São Paulo: Paulinas, 2007. p. 28.)

1 No poema, há vários sons.

a) Ligue as figuras aos sons:

Ilustrações: Adolar/Arquivo da editora

VRRRRUM!

BLAM!

FISCHHHHHH!

CRIIIIIII!

b) Ligue as palavras aos sons:

vento	CHUÁÁÁ!
trovão	CRÁÁÁ!
janela	VVVVVVVVVU!
chuva	BRRRBUM!

2 Embaixo de cada figura, escreva o nome do animal ou da coisa que produz o som.

Ilustrações: Adolar/Arquivo da editora

3 O poema se chama "Tempestade". Responda oralmente: O que os sons que aparecem no poema têm a ver com a tempestade?

4 Responda oralmente: Por que a mamãe diz **ÓÓÓÓÓ!**?

5 No meio de tantos barulhos, só uma pessoa parece se divertir.

a) Quem é essa pessoa? Escreva:

____

b) Qual é o som que essa pessoa faz? Escreva:

____

6 Vamos continuar o poema? Invente dois ou mais versos para ele. Escreva primeiro o nome de alguma coisa ou de alguém e, depois, o som correspondente.

____

____

____

____

____

____

7 Vamos montar palavras?

Em grupo, leiam, com a ajuda do professor, as instruções a seguir. Depois, participem desse jogo de montar palavras.

1. Peguem peças do alfabeto móvel que vocês recortaram nas páginas 323 a 328.
2. Ponham as peças sobre a mesa e misturem-nas.
3. Assim que o professor disser uma palavra, montem-na com as peças do alfabeto.
4. Ganha o jogo o grupo que montar primeiro a palavra, de forma correta.

Com o auxílio do professor e dos colegas, leia, a seguir, a letra de uma cantiga. Depois, cante a cantiga com toda a turma.

Lá em casa tem uma galinha,
Lá em casa tem uma galinha.
A galinha có,
E os pintinhos piu...
E os pintinhos piu...

Lá em casa tem um galo,
Lá em casa tem um galo.
O galo có-có,
E a galinha có,
E os pintinhos piu...
E os pintinhos piu...

Lá em casa tem um cachorro,
Lá em casa tem um cachorro.
O cachorro au-au,
O galo có-có,
A galinha có,
E os pintinhos piu...

Giz de Cera/Arquivo da editora

(Domínio público.)

8 A palavra **casa** se inicia com a letra **c**. Que outras palavras da cantiga começam com a mesma letra? Escreva-as.

____

9 A palavra **galinha** se inicia com a letra **g**. Que outra palavra da cantiga começa com a mesma letra? Escreva-a.

____

10 Que palavra da cantiga começa com a letra inicial da palavra **pintinho**? Escreva-a.

____

11 Complete o diagrama com quatro nomes de bichos. Desses nomes, três aparecem na letra da cantiga.

Alexandre Matos/Arquivo da editora

12 Escreva o nome do bicho que está no diagrama, mas não está na cantiga.

PRODUÇÃO DE TEXTO

HISTÓRIA EM QUADRINHOS (II)

Leia esta história em quadrinhos sem palavras:

(Mauricio de Sousa. *Turma da Mônica*, n. 802.)

Junte-se a um ou mais colegas para responder às questões a seguir.

1 Observem este quadrinho:

O que a Mônica disse para a Magali? Escrevam:

____

____

____

2 Observem este outro quadrinho:

O que a Magali provavelmente respondeu para a Mônica? Escrevam:

____

____

3 O que significa o ponto de interrogação (**?**) nos quadrinhos ao lado? Respondam oralmente.

4 Observem o último quadrinho:

a) Por que a gangorra está pendendo para o lado da Mônica? Respondam oralmente.

b) Por que Mônica está brava? Respondam oralmente.

c) Se a Mônica dissesse algo, o que ela provavelmente diria? Escrevam:

____

5 Leia esta história em quadrinhos:

Se o autor pedisse a você que criasse um balão de pensamento para a história, o que você escreveria? Responda oralmente.

AGORA É A SUA VEZ

No final desta unidade, você vai participar, com toda a turma, de uma mostra de histórias em quadrinhos, apresentando ao público os trabalhos que fizeram.

Junte-se a um ou dois colegas e criem uma história em quadrinhos completa, com os desenhos, os balões e as onomatopeias, se houver. Veja as instruções a seguir.

PLANEJAMENTO DO TEXTO

- Primeiro, imaginem os personagens que viverão a história: meninos, meninas, bichos, etc. Depois, pensem nas características físicas de cada um.
- Imaginem os fatos da história.
- Pensem no lugar em que os fatos vão ocorrer.
- Façam um rascunho da história em quadrinhos, considerando que desenho deve aparecer em cada quadrinho para contar a história que vocês planejaram.
- Em uma folha de papel sulfite, desenhem os quadrinhos, um para cada fato da história.
- Desenhem os personagens e a situação.
- Criem falas ou pensamentos para os personagens.
- Façam balões de fala ou de pensamento.
- Criem e escrevam uma ou mais onomatopeias, se houver sons na história.

REVISÃO E REESCRITA

- Releiam a história em quadrinhos que vocês produziram, observando se os personagens e a situação estão bem-desenhados, se os balões de fala ou de pensamento estão legíveis.
- Vejam se o rabicho dos balões está direcionado para a boca ou para a cabeça dos personagens.
- Confiram se os quadrinhos dão a ideia de continuação um em relação ao outro, contando uma história.

- Troquem a história com outro grupo para que os colegas possam ler e comentar. Se eles encontrarem alguma falha, corrijam o que for necessário e pintem os desenhos com lápis de cor.

Finalizem e guardem as histórias em quadrinhos para a mostra, que será realizada ao final da unidade.

DIVIRTA-SE

Nas situações a seguir, duas onomatopeias estão trocadas. Descubra quais são e marque com um X.

CLAP! CLAP!

GLUB! GLUB!

Ilustrações: Ilustra Cartoon/Arquivo da editora

TOC! TOC!

SNIF! SNIF!

CAPÍTULO 3

QUANDO A AMIZADE VIRA NOTÍCIA

LEITURA

TEXTO 1

Os animais, às vezes, nos dão mostras de grande amizade. Leia a notícia a seguir, com a ajuda do professor e dos colegas.

Cachorros lutam contra cobra para proteger bebê nas Filipinas

Dois cachorros lutaram contra uma cobra perigosamente venenosa nas Filipinas para proteger um bebê que havia na casa; um cachorro morreu

25/07/2019 11h21

Reprodução/Youtube

Miley, um cachorro da raça dachshund, "se sacrificou" para salvar seus donos. Ele lutou com uma cobra mortal e salvou um bebê de um ano, [...] nas Filipinas. O ato de heroísmo foi registrado por câmeras de segurança da propriedade.

Tudo começou quando Moxie, um bassê branco também da família, vê a cobra e começa a latir para ela. Ele vê o réptil e começa a latir para ele sem parar. Durante quase três minutos, os dois cães brigam com a cobra. Apesar de receber diversas mordidas, Miley não para com a luta.

Skye, uma bebê de um ano, dormia sozinha em casa. Jaime Selim e Pauie, os pais da criança, estavam trabalhando. Eles só descobriram o incidente quando voltaram para casa e checaram as imagens de segurança. Um ajudante que trabalhava na casa também contou parte do ocorrido.

"Ficamos chocados, mas também orgulhosos dos cães", contou Jaime [...]. "Não posso agradecer aos meus cães o suficiente por proteger meu bebê Skye", completou. "Sentiremos muito a falta de Miley", encerrou.

Enquanto Miley não resistiu às sucessivas mordidas que recebeu, Moxie conseguiu sobreviver após ser levado às pressas para uma clínica veterinária local, mas ficou cego em razão do veneno.

(Disponível em: https://gazetaweb.globo.com/portal/noticia/2019/07/video-cachorros-lutam-contra-cobra-para-proteger-bebe-nas-filipinas_81694.php. Acesso em: 5/12/2020.)

1. A notícia relata um fato que envolveu dois cachorros e uma cobra. Que fato é esse? Responda oralmente.

2. Onde ocorreu esse fato? Circule no texto o nome do local.

3. Durante quanto tempo esse fato aconteceu?

____

4 Qual foi o resultado da luta?

____

5 Por que esse fato foi divulgado na imprensa? Responda oralmente.

6 Você já viu ou soube de algum caso de animal que também tenha tido um gesto heroico? Se sim, conte para os colegas como foi.

TEXTO 2

Com a ajuda do professor, acesse o *site* https://g1.globo.com/rs/rio-grande-do-sul/noticia/2020/06/20/amizade-entre-porco-e-gato-conquista-a-comunidade-na-fronteira-oeste-do-rs.ghtml e assista ao vídeo de uma notícia dada pela televisão a respeito de uma amizade inesperada entre dois animais.

Reprodução/G1

Porco e gato formam uma dupla inseparável na região da Fronteira Oeste do RS.

Depois, responda às questões a seguir.

1 Ligue com um traço a figura do bicho ao nome e à espécie dele.

Ilustrações: Ilustra Cartoon/Arquivo da editora

TIÃO

PORCO

PIG

GATO

2 A notícia foi dada porque:

- ◯ o fazendeiro adotou um gato.
- ◯ o porco come o milho das galinhas.
- ◯ a amizade entre um porco e um gato não é comum.

3 A veterinária Ana Flávia Gomes explica como ocorreu esse fato incomum. Qual é a explicação? Responda oralmente.

4 O fazendeiro se tornou amigo dos dois animais e cita alguns sentimentos que tem com a presença deles. Marque-os:

- ◯ alegria
- ◯ conforto
- ◯ saudade
- ◯ amizade

A LINGUAGEM DO TEXTO

1 No vídeo, o fazendeiro cobre Pig com uma manta. Que palavra traduz esse gesto? Marque:

- ( ) calma
- ( ) ciúme
- ( ) carinho
- ( ) entusiasmo

2 Observe esta foto de Pig e Tião juntos:

Ricardo Steinhorst Kraetzig/Arquivo Pessoal

Ela expressa uma relação de:

- ( ) coragem
- ( ) confiança
- ( ) aceitação
- ( ) indiferença

3 O jornalista que narra a notícia afirma que "no meio de tanta galinha, tem gente colocando o bico onde não é chamado, ou melhor, o focinho". No texto, a expressão **colocar o focinho onde não é chamado** significa:

- ( ) intrometer-se
- ( ) comer com o focinho

4. E ele ainda diz: "E o suíno intrometido tem uma parceria inusitada para filar esse almoço". Dê o sentido das palavras:

a) filar: ______________________________

b) inusitada: ______________________________

TROCANDO IDEIAS

1. Você também já viu uma amizade entre animais de espécies diferentes? Se sim, conte para a turma.

2. O dono dos animais também os considera amigos. Você acha que é possível uma pessoa ser amiga de um animal?

3. No vídeo, o fazendeiro diz: "Se um animal é tão bacana um com os outros, por que o ser humano não pode ser, apesar da diferença?". O que você acha disso: seres humanos podem criar fortes laços de amizade mesmo quando são diferentes?

REFLEXÃO SOBRE A LINGUAGEM

O SENTIDO DAS PALAVRAS: SINÔNIMOS E ANTÔNIMOS

Releia este trecho do texto sobre os cães que lutaram com a cobra:

"Ele lutou com uma cobra mortal e salvou um bebê de um ano"

O que quer dizer uma **cobra mortal**?

Quando lemos um texto, precisamos conhecer o sentido das palavras. Se não conhecemos, o que podemos fazer? Podemos consultar o dicionário à procura de definições e **sinônimos**.

Sinônimos são palavras que têm o mesmo sentido ou sentido parecido.

Leia a trovinha a seguir, com a ajuda do professor e dos colegas, e veja se conhece o sentido de todas as palavras.

Não sei se é fato ou se é fita.
Não sei se é fita ou se é fato.
O fato é que ela me fita
Me fita mesmo de fato.

(Da tradição popular.)

Roberto Weigand/Arquivo da editora

Se você não compreendeu muito bem o que quer dizer a trovinha, talvez seja porque não conhece o sentido que as palavras **fato** e **fita** têm nesses versos.

Veja alguns sinônimos dessas palavras, considerando o sentido que elas têm no poema:

fato: verdade
fita: fingimento; olha

1 Reescreva o primeiro verso da trovinha, trocando as palavras **fato** e **fita** por sinônimos.

Não sei se é ____________________ ou se é ____________________.

2 Releia toda a trovinha.

a) O sentido da palavra **fita** é o mesmo no primeiro e no terceiro versos? ____________________

b) Reescreva o terceiro verso da trovinha, trocando as palavras **fato** e **fita** por sinônimos.

A ____________________ é que ela me ____________________.

3 Agora, reescreva o primeiro verso, trocando as palavras **fato** e **fita** por antônimos, isto é, palavras que têm sentidos opostos.

Não sei se é ____________________ ou se é ____________________.

4 Na trovinha, **de fato** é uma expressão. Qual é o sentido dela?

( ) às vezes ( ) de verdade ( ) de lado

Como você viu, a palavra **fita** apresenta sentidos diferentes, dependendo da situação.

Para sabermos o sentido de uma palavra em um texto, devemos sempre observar a situação em que ela é empregada e, se necessário, procurar sinônimos dela no dicionário.

Leia agora esta tira:

(Alexandre Beck. *Armandinho dois*. Florianópolis: A. C. Beck, 2014. p. 10.)

5 Armandinho conversa com o pai dele sobre o final do ano. Responda oralmente: Por que Armandinho diz que não vai prometer nada em relação ao próximo ano?

6 Há, no segundo quadrinho, duas palavras que têm sentidos opostos. Escreva-as:

____

Palavras de sentido oposto são chamadas de **antônimos**.

7 Dê o antônimo destas palavras:

a) amigo: ______________________

b) feio: ______________________

c) caro: ______________________

d) alto: ______________________

e) novo: ______________________

8 Muitos antônimos são formados com o acréscimo da partícula **in(m)**. Veja:

im + possível = impossível
in + alterado = inalterado

Crie antônimos, acrescentando **in-** ou **im-** às palavras:

a) capaz: ______________________

b) provável: ______________________

c) esquecível: ______________________

d) competente: ______________________

e) certo: ______________________

9 No texto sobre os cães que lutaram contra a cobra, o pai do bebê diz:

"'Ficamos chocados, mas também orgulhosos dos cães' [...]."

Considerando a situação:

a) Dê um sinônimo para a palavra **chocados**.

____

b) Dê um antônimo para a palavra **orgulhosos**.

____

DE OLHO NA LEITURA E NA ESCRITA: EMPREGO DE H, CH, LH, NH

Você viu nas seções anteriores que animais também podem fazer amizades. Leia este poema com a ajuda do professor e dos colegas:

O Hipopótamo

O Hipopótamo,
quando criança,
quando um menino
pe-que-ni-ni-nho,
já quase pesa
uma tonelada!
Mas ele sonha
(coisa engraçada)
um sonhozinho
com um par de asas
com que ele voe
pelo céu claro,
qual passarinho!

Ilustra Cartoon/Arquivo da editora

(Carlos Rodrigues Brandão. *Abecedário dos bichos que existem e não existem*. Campinas: Autores Associados, 2008. p. 55.)

1 O hipopótamo quando é pequeno chega a pesar uma tonelada.

a) Quanto você pesa?

____

b) Com a ajuda do professor, faça o cálculo: Quantas crianças como você são necessárias para pesar o mesmo que um hipopótamo pequeno?

___

c) Portanto, uma tonelada é muito ou é pouco peso?

___

2 Apesar de ser grandão, o hipopótamo tem um sonho engraçado. Como ele se imagina nesse sonho? Faça um desenho.

Ilustra Cartoon/Arquivo da editora

3 A palavra **pe-que-ni-ni-nho** foi escrita dessa forma, em sílabas.

a) Responda oralmente: Por que ela foi escrita assim?

b) Quantas sílabas tem essa palavra?

___

4. Pronuncie em voz alta a palavra **hipopótamo**. Depois, cubra a letra **h** com o dedo e leia a palavra novamente. O som da palavra muda sem o **h**?

____

5. Agora pronuncie em voz alta estas palavras:

harmonia
hélice
hino
hoje

a) Em que posição está a letra **h** em todas essas palavras?

____

b) Conclua: Nessa posição, a letra **h** apresenta som?

____

6. Agora observe estas três palavras do poema:

pequenininho
sonhozinho
passarinho

a) As três palavras terminam em **-inho** ou **-zinho**. Que sentido essas partículas acrescentam às palavras?

____

b) Qual é a consoante que vem antes da letra **h** nessas palavras?

[ ]

c) Na sílaba **nho** dessas palavras, que som têm as letras **nh** juntas? Responda oralmente.

7 Leia agora estas palavras:

PILHA RIACHO

Ilustra Cartoon/Arquivo da editora

a) Faça um círculo na letra **H** e na consoante que vem antes dela.

b) As letras **LH** e **CH** têm som?

____

8 Conclua:

- A letra **H**, em início de palavra, tem som?

____

- Os grupos **NH**, **LH** e **CH** têm som?

____

- Quando a letra **H** se junta com as consoantes **N**, **L** e **C**, formam-se pares de letras que apresentam sons próprios.

9 Forme novas palavras, acrescentando a letra **H**:

FALA + H = ______________________

MALA + H = ______________________

MANA + H = ______________________

BICO + H = ______________________

GALO + H = ______________________

MOLA + H = ______________________

10 Forme palavras, juntando as sílabas. Faça como nos exemplos.

RO ↓
PA → **LHA** ← FA
↑ TRA

PALHA
____
____
____

A ↓
RA → **CHO** ← MA
↑ CA

ACHO
____
____
____

U ↓
MA → **NHA** ← CU
↑ PO

CUNHA
____
____
____

Felipe Camêlo/Arquivo da editora

11 Leia a letra desta cantiga com a ajuda do professor e dos colegas. Depois, ouça a canção e cante-a com toda a turma. Por fim, preencha as lacunas do texto com as palavras que você ouvir na canção.

Se essa rua fosse ______________

Se essa rua
Se essa rua fosse ______________
Eu mandava
Eu mandava ______________

Com ______________

Com ______________ de ______________
Só pra ver
Só pra ver meu bem passar

Nessa rua
Nessa rua tem um bosque

Que se ______________

Que se ______________ solidão
Dentro dele
Dentro dele mora um anjo
Que roubou
Que roubou meu coração

Se eu roubei
Se eu roubei teu coração
Tu roubaste
Tu roubaste o meu também
Se eu roubei
Se eu roubei teu coração
Foi porque
Foi porque te quero bem

(Da tradição popular.)

Roberto Weigand/Arquivo da editora

12 Escreva o nome das figuras:

Ilustrações: Felipe Camêlo/Arquivo da editora

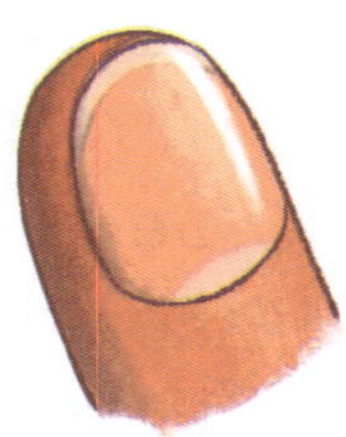

BRINCANDO COM PALAVRAS

Você conhece a cantiga "Coelhinho"? Leia o texto, com a ajuda do professor ou de um colega.

Coelhinho

De olhos vermelhos,
De pelo branquinho,
De salto bem leve
Eu sou coelhinho.
Sou muito assustado,
Porém sou guloso.
Por uma cenoura
Já fico manhoso.
Eu pulo pra frente,
Eu pulo pra trás,
Dou mil cambalhotas,
Sou forte demais.
Comi uma cenoura
Com casca e tudo,
Tão grande ela era,
Fiquei barrigudo.

(Da tradição popular.)

Ilustra Cartoon/Arquivo da editora

1. De que cor são os olhos do coelhinho?

____

2. De que cor é o pelo dele?

____

3. Faça um círculo nas características do coelhinho.

bravo	assustado	manhoso
agressivo	guloso	barrigudo

4 O que o coelhinho gosta de comer? Escreva e depois desenhe.

Ilustra Cartoon/Arquivo da editora

5 Na cantiga, há quatro palavras em que são empregadas as letras **lh**. Escreva-as.

6 Escreva as três palavras da cantiga em que aparecem as letras **nh**.

7 Leia as adivinhas a seguir e tente descobrir a resposta. As letras da resposta devem caber no diagrama e uma de suas letras já está dada.

a) Estou no alto e no baixo,
Sem mim, ninguém pode viver;
Ninguém me vê subir,
Mas todos me veem descer.

C				

b) O que é, o que é?
Fica sempre na porta,
Mas nunca entra.

			H					

c) O que é, o que é?
Que se compra para comer,
Mas nunca se come?

					R

Ilustrações: Ilustra Cartoon/Arquivo da editora

DE OLHO NA ORALIDADE: JOGRAL CANTADO

Participe com a turma de um jogral, cantando a cantiga "Coelhinho". Siga as instruções que o professor vai dar.

Coelhinho

(Todos) De olhos vermelhos,
(Todos) De pelo branquinho,
(Todos) De salto bem leve
(Todos) Eu sou coelhinho.
(Aluno 1) Sou muito assustado,
(Aluno 2) Porém sou guloso.
(Aluno 3) Por uma cenoura
(Aluno 4) Já fico manhoso.
(Meninas) Eu pulo pra frente,
(Meninos) Eu pulo pra trás,
(Meninas) Dou mil cambalhotas,
(Meninos) Sou forte demais.
(Aluno 5) Comi uma cenoura
(Aluno 6) Com casca e tudo,
(Aluno 7) Tão grande ela era,
(Aluno 8) Fiquei barrigudo.

(Da tradição popular.)

Roberto Weigand/Arquivo da editora

PRODUÇÃO DE TEXTO

A NOTÍCIA ORAL

Notícia para jornal televisivo

No início deste capítulo, você assistiu a uma notícia televisiva, isto é, uma notícia que foi veiculada na televisão. Mas você também deve conhecer jornais televisivos a que sua família costuma assistir.

Converse com o professor e com os colegas sobre as seguintes questões a respeito do jornal televisivo que conhece.

1. Quantas pessoas apresentam o jornal?

2. Os jornalistas se apresentam sentados ou em pé?

3. Além desses jornalistas, há repórteres que trabalham na rua? Se sim, o que eles fazem?

4. Durante as notícias, ocorrem entrevistas? Se sim, com quem?

5. Toda notícia — no jornal escrito, no rádio ou na televisão — apresenta alguns elementos essenciais, que são: o quê, onde, quando, como e por quê. Releia a notícia que você leu no início do capítulo (páginas 131 e 132) e responda oralmente:
   - **a)** O que aconteceu?
   - **b)** Onde o fato aconteceu?
   - **c)** Quando aconteceu?
   - **d)** Como aconteceu?
   - **e)** Por que aconteceu?

6. Responda oralmente: Qual é o papel do título da notícia, ou seja, da frase que vem antes da notícia?

Notícia para *podcast*

Juriah Mosin/Shutterstock

Agora, conheça como é um jornal de notícias para crianças no formato de *podcast*, acessando o *site* https://jornaldacrianca.com.br/podcast-para-criancas-jc/.

Depois, converse com o professor e com os colegas sobre estas questões a respeito de *podcast*:

1. Que diferença existe entre a notícia televisiva e a notícia veiculada em *podcast*?

2. Qual é a importância de falar com clareza e em bom som em um *podcast*?

3. No início do *podcast*, há uma vinheta musical. Como ela é? Qual é o seu papel?

AGORA É A SUA VEZ

Ao final desta unidade, você e os colegas vão participar de uma mostra de histórias em quadrinhos; por isso, precisarão informar o evento para toda a escola, amigos e familiares e convidá-los a participar.

Que tal noticiar a mostra em um jornal falado? Vocês poderão produzir uma notícia no formato de vídeo para TV ou de *podcast* (áudio).

Junte-se a um ou dois colegas da turma e decidam se vão fazer uma notícia oral para televisão ou para *podcast*.

Depois, leiam as instruções a seguir.

PLANEJAMENTO DA NOTÍCIA ORAL

- Pensem em um título para a notícia que resuma o fato noticiado.
- Escrevam um texto apresentando as informações principais sobre o evento: o que é a mostra, quando ela vai acontecer, em que local e horário e quem vai participar.
- Deem uma ideia do que vai haver na mostra e o que ela vai apresentar (as histórias em quadrinhos que vocês produziram nesta unidade).
- Por fim, informem que a entrada é gratuita e todos estão convidados.

REVISÃO E REESCRITA

Revisem a notícia, observando:

- Ela tem um título interessante?
- Ela tem as informações principais: o que vai acontecer, onde, quando, como e quem vai participar?
- A linguagem está clara e consegue informar o que é a mostra?

ENSAIANDO E GRAVANDO O *PODCAST* OU O VÍDEO

Para o *podcast*, vocês poderão utilizar um gravador ou telefone celular; para o vídeo, poderão usar uma filmadora ou o telefone celular.

- Se o grupo optou por uma notícia em *podcast*, o apresentador poderá ter o texto em mãos e consultá-lo, lendo de forma natural e espontânea. Se optou por um vídeo, o melhor é que o apresentador memorize o texto e apresente-o sem ler.
- No caso do vídeo, imitem um jornal de televisão: o apresentador sentado a uma mesa, bem enquadrado na tela. Se possível, ponham uma imagem no fundo do cenário. Ela pode ser, por exemplo, um personagem das histórias em quadrinhos ou uma reprodução de uma das histórias que vocês criaram.

- O apresentador deve falar em um tom audível, se possível em um microfone conectado ao aparelho usado para gravar, de forma clara e pausada, como fazem os jornalistas de rádio e de TV.
- A pontuação do texto deve ser respeitada e se refletir nas pausas e na entonação da fala do apresentador.
- As informações mais importantes, como local, dia e horário, devem ser lidas com destaque.
- Ensaiem várias vezes antes de gravar. Depois de gravar, ouçam o *podcast* ou assistam ao vídeo e vejam se ficou bom. Se não, gravem novamente.

Quando concluírem as gravações, apresentem-nas para toda a turma e ouçam as sugestões e críticas. Se necessário, refaçam o trabalho. Depois, guardem a gravação para enviá-la aos convidados por meio de aplicativos de mensagens ou para divulgá-la no *site* da escola.

iStockphoto/Getty Images

DIVIRTA-SE

O Pensamento Vivo do Menino Maluquinho

Bastam dois amigos pra se fazer uma dupla sensacional. E basta um só pra estragar a dupla.

(Ziraldo. *O pensamento do Menino Maluquinho*. 3. ed. Rio de Janeiro: Ediouro, 2001. p. 7.)

OFICINA DE CRIAÇÃO

PROJETO: MOSTRA DE HISTÓRIAS EM QUADRINHOS

Participe da preparação e realização de uma mostra de histórias em quadrinhos. Nela, você e os colegas vão expor as histórias em quadrinhos que criaram nesta unidade e, também, histórias e personagens de que gostam muito. Vocês já prepararam *podcasts* e vídeos com as informações sobre o evento e os convites ao público. Agora, chegou a hora de divulgá-los e, no dia combinado, aguardar a chegada dos convidados e acompanhá-los durante a mostra.

1. ESCOLHENDO O LOCAL DA MOSTRA

Com a orientação do professor, escolham um bom local para a exposição. Ela pode ser feita na própria sala de aula, em um corredor, na biblioteca ou no pátio da escola. O objetivo da escolha é que a mostra chame a atenção do maior número possível de pessoas.

2. NOSSAS HISTÓRIAS

Reúnam todo o material produzido na unidade: as histórias em quadrinhos que vocês criaram e as histórias que completaram, criando balões ou quadrinhos. Colem as histórias em folhas de cartolina ou outro tipo de papel para afixar em painéis, murais ou paredes. Se acharem interessante, façam cópias desse material e distribuam aos convidados.

Jean Galvão/Arquivo da editora

3. HISTÓRIAS QUE AMAMOS

Tirem cópias das histórias em quadrinhos e dos personagens de que mais gostam. Vocês podem selecionar, por exemplo, histórias da Turma da Mônica, do Garfield, do Gaturro, da Mafalda, do Snoopy, do Menino Maluquinho. Se vocês gostam de super-heróis, incluam quadrinhos sobre eles. Se tiverem pôsteres desses personagens, aproveitem para expô-los. Montem murais e deem um título a eles, como "Nossos personagens preferidos", "Quadrinhos que amamos" ou outro escolhido pela turma. Se quiserem, poderão deixar cópias de histórias em quadrinhos sobre algumas mesas para que o público as conheça e manuseie.

Jean Galvão/Arquivo da editora

4. MONTANDO A MOSTRA

Dividam a mostra em duas partes: uma parte com as produções de vocês e a outra com as histórias em quadrinhos e os personagens preferidos. Se quiserem, podem identificar as duas partes da mostra com títulos como **Nossas histórias** e **Histórias que amamos** ou outros que preferirem.

5. CRIANDO HISTÓRIAS EM QUADRINHOS PELA INTERNET

Se possível, instalem um computador conectado à internet em um canto da mostra e convidem os visitantes para acessar um destes *sites*:

- https://criancas.uol.com.br/atividades/crie-sua-hq.jhtm
- www.canva.com
- www.pixton.com/br/

Neles, os visitantes poderão criar uma história em quadrinhos na hora. É muito fácil e divertido!

Jean Galvão/Arquivo da editora

UNIDADE

3 PEQUENO CIENTISTA

Há tantas coisas no mundo que gostaríamos de compreender melhor... Por exemplo: por que os passarinhos não levam choque quando encostam nos fios elétricos? Como pequenas formiguinhas carregam folhas bem maiores do que elas? Seja um pequeno cientista e procure respostas para as perguntas que todo o mundo faz.

Pra quê?

Por que que a gente nasce e
não se lembra de nascer
nem do que a gente fazia
quando era um bebê?

Pra que que a gente sonha
se na hora de acordar
tudo aquilo vai sumindo
eu não consigo te explicar

[...]

Por que que o céu é azul
e só de noite tem estrela?
Será que a vovó
tem foto com os dinossauros?
Como é que o avião
tão pesado está no ar?
Será que o pensamento
me dá asas pra voar?

Pra que pensar?
Penso logo existo
Pra que existir então
Pra quê?

[...]

(Grupo Badulaque. Disponível em: https://youtu.be/_gYAOV-3_N8. Acesso em: 5/12/2020.)

Jean Galvão/Arquivo da editora

DIVIRTA-SE... E FIQUE POR DENTRO!

FILMES E VÍDEOS

- *Robôs*, de Chris Wedge e Carlos Saldanha.
  Rodney Lataria é um robô que trabalha com o pai lavando pratos e tem um talento especial: inventar máquinas. Sonhando em conhecer seu ídolo, o Grande Soldador, Rodney parte para Robópolis. Ao chegar à cidade, ele descobre que sua busca será mais difícil do que pensava.
- Assista também: *Uma invenção de Natal*, produzido pela Netflix; *Uma aventura no tempo*, da Turma da Mônica; *E.T., o extraterrestre*, de Steven Spielberg; e a trilogia *De volta para o futuro*, de Robert Zemeckis.

Reprodução/Netflix

- Confira o desenho animado *O show da Luna!*, disponível em: https://www.youtube.com/user/OShowDaLuna.

SITES

- http://chc.org.br/
- recreio.uol.com.br
- www.guiadoscuriosos.com.br

LIVROS

Vá à biblioteca da escola ou à biblioteca do bairro ou da cidade onde você mora e veja se os livros indicados a seguir estão disponíveis para empréstimo. Se não estiverem, selecione outros sobre o tema desta unidade.

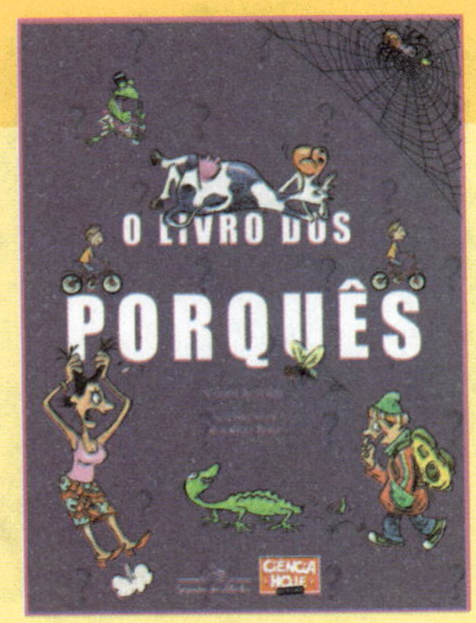

Reprodução/Editora Companhia das Letrinhas

- *O livro dos porquês*, de vários autores (Companhia das Letrinhas/Ciência Hoje das Crianças).
  Nesse livro, você vai encontrar respostas para várias perguntas que todo o mundo faz, como "Por que chove granizo?" e "Por que suamos?".
- Leia também: a coleção *Pequenos cientistas*, de Lisa Burke (Publifolhinha); *Casa das estrelas: o Universo pelo olhar das crianças*, de Javier Naranjo (Foz); *Mania de explicação*, de Adriana Falcão (Salamandra); *30 conceitos essenciais para crianças: ciência*, de Mike Goldsmith (Publifolha).

MÚSICAS

- Ouça as canções "Galáxia", de Antonio Pinto e Taciana Barros, CD *Pequeno cidadão 2*, de Edgard Scandurra, Antonio Pinto e outros; "Sol lua estrela", de Sandra Peres e Alice Ruiz, e "Joia", de Sandra Peres e Arnaldo Antunes, ambas do CD *Pé com pé*, de Sandra Peres e Paulo Tatit.

OFICINA DE CRIAÇÃO

PROJETO: PEQUENOS CIENTISTAS, GRANDES DESCOBERTAS

Participe da organização de uma feira de ciências! Prepare e exponha entrevistas com especialistas, cartazes e verbetes de curiosidade.

Jean Galvão/Arquivo da editora

CAPÍTULO 1

QUERO SER CIENTISTA!

LEITURA DE FILME

Sony Pictures Animation/Alamy/Fotoarena

EXPRESSÃO ORAL

Assista ao filme *Tá chovendo hambúrguer*, de Chris Miller e Phil Lord, e responda oralmente às perguntas que o professor vai fazer.

TROCANDO IDEIAS

No filme *Tá chovendo hambúrguer*, Flint é, desde criança, diferente por gostar de descobrir coisas novas e de fazer invenções. Ele é considerado estranho e até maluco!

1. Quais características de Flint fazem com que ele pareça estranho, esquisito ou maluco?

2. Você conhece algum cientista? Ele se parece com Flint?

3. Gostar de estudar, ser curioso e criativo é mesmo ser "esquisito"?

4. Em seu dia a dia, o que você conhece que foi criado por cientistas?

Kiselev Andrey Valerevich/Shutterstock

EXPRESSÃO ESCRITA

1 Ligue a profissão de cada personagem do filme a sua imagem:

Cientista e inventor

Estagiária de Jornalismo, garota do tempo

Dono de loja

Prefeito

Policial

Reprodução/Sony Pictures Animation

Reprodução/Sony Pictures Animation

Sony Pictures Animation/Alamy/Fotoarena

Reprodução/Sony Pictures Animation

Sony Pictures Animation/Alamy/Fotoarena

2 Agora, leia o título do filme:

Tá chovendo hambúrguer

a) Você já comparou a primeira palavra com outra. Relembre:

tá — está

Quais letras são diferentes entre as palavras? Elas são vogais ou consoantes?

____

____

b) As duas palavras querem dizer a mesma coisa?

____

c) Quais das palavras a seguir também usamos quando conversamos com amigos próximos no dia a dia, mas podem ser escritas de outras maneiras? Marque:

( ) pó, pá, lá, luva

( ) tô, tou, cê, tava

d) Escreva as palavras que você identificou no item **c** e as formas correspondentes que têm o mesmo significado. Veja o exemplo:

tá — está

____

____

3 Quais palavras a seguir apresentam o mesmo som das letras **gu**, presentes na última sílaba de **hambúrguer**?

( ) foguete
( ) gelado
( ) viagem
( ) formigueiro

4 Flint montou um laboratório para criar suas invenções. Assinale o nome dos objetos de um laboratório:

( ) microscópio
( ) luneta
( ) telescópio

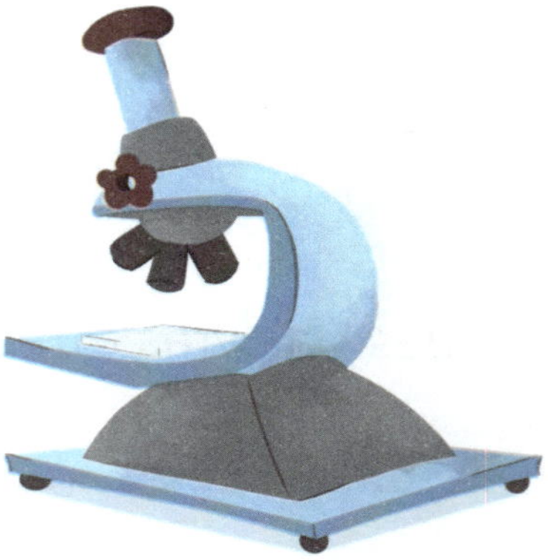

( ) mapas
( ) linho
( ) livros

Ilustrações: Ilustra Cartoon/Arquivo da editora

( ) televisão
( ) computador
( ) impressora

5 Flint faz uma surpresa para Sam, com uma comida de que ela gosta muito. Qual é essa comida?

6 O policial pede a Flint uma surpresa para o filho dele no dia do aniversário do menino. Qual é a comida preferida do menino?

7 Qual é o nome da ilha em que Flint mora? Complete:

____________________ da Maré.

8 A ilha era famosa pela pesca de um peixe. Complete o nome do peixe:

SAR____________________

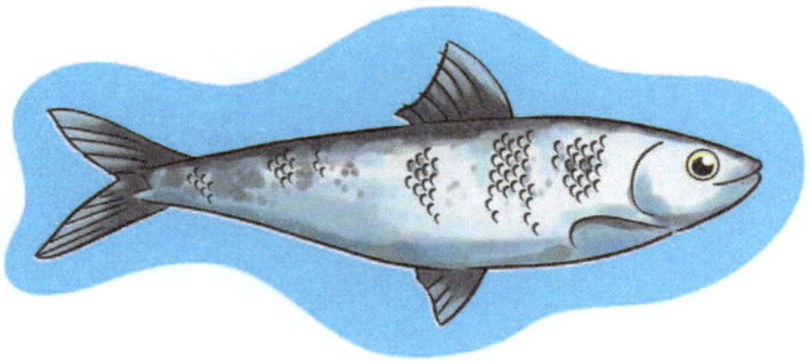

Ilustra Cartoon/Arquivo da editora

9 Leia o trecho de uma fala do prefeito de Boca da Maré, quando ele conversava sobre seus planos para a cidade:

— É por isso que isso tem que funcionar, tem que funcionar! Ou eu serei sempre um prefeitozinho de uma cidadezinha cheia de gentinha comedora de sardinha.

Reprodução/Sony Pictures Animation

a) Quais palavras rimam na fala do prefeito? Circule-as.

b) Responda oralmente: O que essa fala do prefeito mostra sobre suas intenções para a cidade?

c) Nem sempre as terminações **-inho** e **-inha** indicam que algo é pequeno. Assinale o sentido mais adequado para cada uma das palavras usadas pelo prefeito:

- prefeitozinho
  - ◯ prefeito pequeno
  - ◯ prefeito sem importância
- cidadezinha
  - ◯ cidade pequena
  - ◯ cidade sem importância
- gentinha
  - ◯ pessoas pequenas
  - ◯ pessoas sem importância

DE OLHO NA ORALIDADE: RODA DE CONVERSA – O QUE É SER UM CIENTISTA

No filme, o personagem Flint é um cientista. Sam é uma jornalista que adora estudar e pesquisar o clima.

Forme um círculo com os colegas e conversem sobre estas questões:

1 O que um cientista faz?

2 O que um cientista pode pesquisar, estudar, tentar descobrir?

3 Flint fica sozinho em seu laboratório, apenas com seu macaco, fazendo suas invenções.

a) Onde você acha que um cientista da vida real pode trabalhar?

b) Você acha que um cientista da vida real trabalha sempre sozinho?

Ilustra Cartoon/Arquivo da editora

REFLEXÃO SOBRE A LINGUAGEM

DE OLHO NA LEITURA E NA ESCRITA: EMPREGO DE CH E X

Leia os poemas a seguir. São haicais inspirados na observação feita por uma criança no quintal da casa dela. Lá, ela faz muitas descobertas.

Formigas em fila,
cochicham, cochicham
assuntos de bicho.

Ilustração Myrna Maracajá/Editora Autêntica

Debaixo da acácia,
chuva de flores de ouro
retarda meus passos.

Ilustração Myrna Maracajá/Editora Autêntica

(Mara Valéria Rezende. *Hai-quintal: haicais descobertos no quintal.* São Paulo: Autêntica, 2001. p. 23 e 30.)

Haicais

São poemas de origem japonesa bem pequenos, com somente três versos, e que costumam tratar da natureza.

1. Como as formigas passam pelo quintal?

____

2. Você já se perguntou por que as formigas andam em fila? Converse com os colegas, pesquisem na internet, em livros ou perguntem a um professor de Ciências e respondam oralmente.

3 Para a criança que passeia no quintal, o que as formigas estão fazendo?

( ) picando a perninha da criança

( ) cochichando assuntos de bichos

( ) carregando folhas

4 No segundo poema, a criança interrompe o passeio por causa de uma "chuva de flores de ouro" debaixo da acácia.

a) Converse com os colegas e responda oralmente: O que é essa chuva?

b) Observe as fotografias de diferentes árvores. Circule o nome da árvore com "flores de ouro".

Alona Gryadovaya/Shutterstock

jurgal/Shutterstock

Cavan-Images/Shutterstock

acácia | cerejeira | manacá

c) Converse com os colegas: Por que essas flores são chamadas de "flores de ouro"?

5 Leia em voz alta estas palavras:

BICHO DEBAIXO

a) Circule a última sílaba de cada uma das palavras.

b) Pronuncie as sílabas que você circulou. Elas têm sons diferentes ou iguais?

____

c) Na escrita, as sílabas que você circulou são diferentes ou iguais?

____

6 Escreva outras palavras do texto em que também há o emprego das letras **ch** e **x**.

____

____

____

7 Como você viu, as letras **CH** e **X** podem representar o mesmo som. Escreva no quadro palavras com essas letras. Procure no dicionário com o auxílio do professor.

CH	X

8 Observe as figuras e complete as palavras com **ch** ou **x**.

Ilustrações: Alexandre Matos/ Arquivo da editora

________á   ________ave   ________ampu

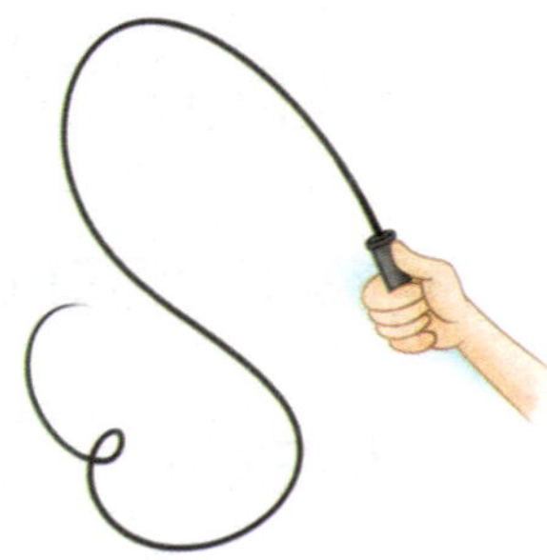

________ícara   ________apéu   ________icote

9 Com três ou quatro colegas, descubram a ordem em que as letras a seguir precisam estar para formar palavras. Veja o exemplo.

- ROHAC   ROCHA
- RXOA   ____________
- FEDUCHARA   ____________
- FACHI   ____________
- PAXU   ____________
- BOCHAARR   ____________
- XLAIGRATA   ____________

Clarissa França/ Arquivo da editora

10 As palavras a seguir são da mesma família. Observe:

XERETA → XERETAR   CHEIO → ENCHER

Escreva palavras da mesma família de:

- CHEGA ______________________
- PEIXE ______________________
- CHAPÉU ______________________
- XEROX ______________________
- CACHORRO ______________________
- MEXER ______________________

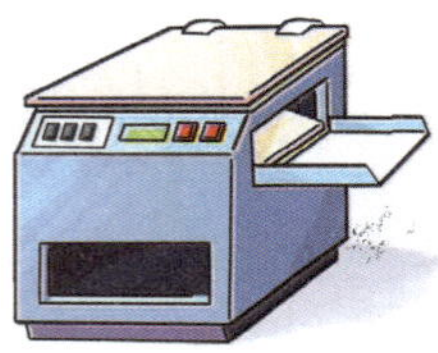

Ilustrações: Ilustra Cartoon/Arquivo da editora

BRINCANDO COM PALAVRAS

1 Com a turma, brinque com o jogo "Caixa de palavras". Sigam estas instruções:

- Dividam-se em grupos de 3 ou 4 alunos.
- Recortem as cartas das páginas 329, 331 e 333. Cada grupo precisa de um conjunto de cartas e uma caixa.
- Cada aluno retira uma figura da caixa e mostra para o grupo.
- Falem em voz alta o nome do que vocês veem na figura.
- Escrevam na lousa o nome, com atenção: é com **x** ou com **ch**?

Jean Galvão/ Arquivo da editora

2 Complete os versos com palavras escritas com **x** ou com **ch**. Depois, releia em voz alta com a turma.

O X do problema
pro bandido

é fazer ______________ (xixi ou chichi)

na ______________ (xícara ou chícara)

do ______________. (xerife ou cherife)

(Elias José. *Quem lê com pressa tropeça.* Belo Horizonte: Lê, 1991. p. 25.)

Ilustra Cartoon/Arquivo da editora

3 Tente resolver as adivinhas. Depois, escreva as respostas.

a) O que é, o que é
que gasta muito sapato,
mas não tem pés?

Resposta: ______________

b) O que é, o que é: pequeno como um rato, mas guarda a casa como um leão?

Resposta: ______________

4 Vamos brincar de forca? Com um colega, tentem descobrir as palavras. Dica: uma palavra tem a letra **X** e as outras duas têm as letras **CH**.

Ilustrações: Edson Farias/Arquivo da editora

B ___ ___ ___ ___ ___ ___ A

C ____ ____ ____ ____ ____ ____ ____ A

Ilustrações: Edson Farias/Arquivo da editora

A ____ ____ ____ ____ ____ I

5 Complete a cruzadinha com palavras que têm **CH** ou **X**. Para facilitar, conte as casas de cada palavra.

1. Espécie de delegado no Oeste norte-americano.
2. O que abrimos para tomar banho.
3. O que nossa mãe nos dá quando temos tosse.
4. O que o boi tem na cabeça.
5. Jogo que tem rei e rainha.
6. Vasilha em que se toma café ou chá.

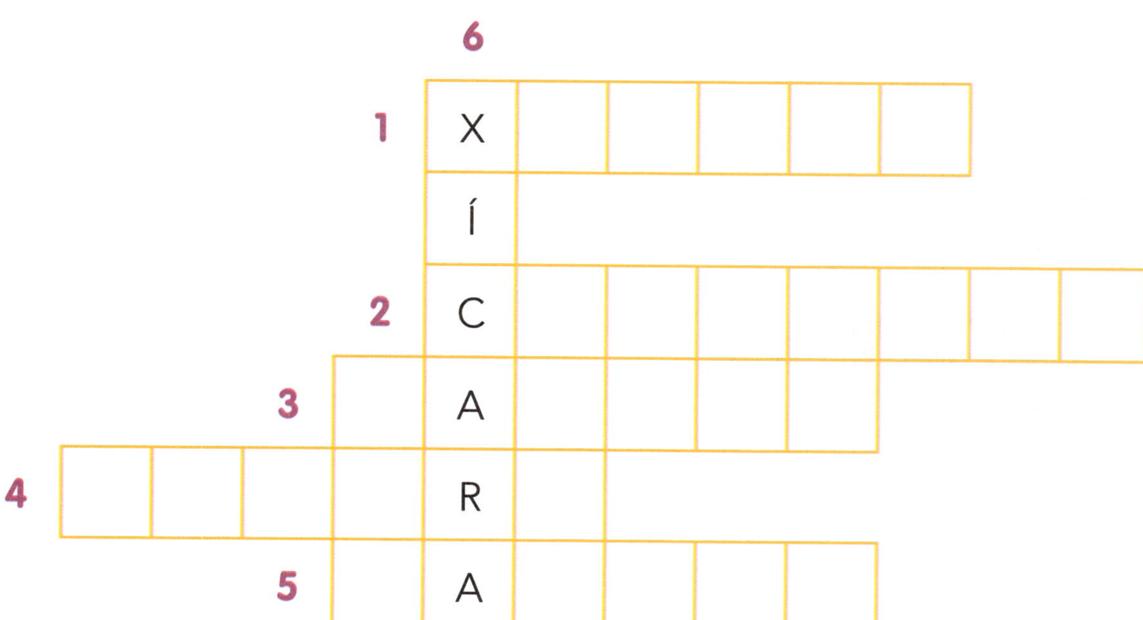

PRODUÇÃO DE TEXTO

ENTREVISTA ORAL COM ESPECIALISTA

Você sabe o que faz um cientista? Há profissionais que realizam pesquisas em várias áreas: uns tentam descobrir a cura para uma doença; outros buscam compreender o que aconteceu com as pessoas no passado; outros estudam as plantas ou os animais. Há ainda pessoas que estudam nossa linguagem e outras que criam novas tecnologias, como os robôs!

Vamos conversar com um cientista?

Jean Galvão/Arquivo da editora

PLANEJAMENTO DO TEXTO

- Sugerimos que o tema da entrevista seja "O que faz um cientista?". Escolham uma pessoa para ser entrevistada. Pode ser um professor da escola envolvido em pesquisa ou familiares de alunos que sejam pesquisadores, cientistas em alguma universidade ou instituto de pesquisa. Reúnam informações sobre o entrevistado, a fim de preparar as perguntas que serão feitas a ele.
- Façam um roteiro de perguntas com o objetivo de conhecer o que o entrevistado faz, como é seu trabalho. Vejam algumas sugestões:
  - – Onde você trabalha? Como é o seu ambiente de trabalho?
  - – Você trabalha com outras pessoas ou trabalha sozinho(a)?
  - – O que você pesquisa ou estuda?
  - – Como você faz suas descobertas?
  - – Você costuma usar instrumentos no seu trabalho, como microscópio, computador, câmeras, gravadores, robôs, livros?
  - – O que você já descobriu ou criou com seu trabalho?

Planejem perguntas curtas e diretas. Não exagerem no número de perguntas. Não se esqueçam de fazer uma breve apresentação do entrevistado no início da entrevista dizendo seu nome e profissão.

ENTREVISTANDO

- No dia do encontro, levem uma filmadora ou um celular com câmera. Se não tiverem esse tipo de equipamento, apenas gravem o áudio da entrevista ou anotem as respostas em um bloco de papel.
- Antes de começar a gravar, testem o equipamento e vejam se ele está funcionando adequadamente.
- Levem o roteiro de perguntas. Tentem memorizar as perguntas e fazê-las ao entrevistado sem ler, mas, se for necessário, recorram ao roteiro, lendo uma pergunta por vez, de modo natural.
- Um dos membros do grupo deve fazer uma breve apresentação do entrevistado antes de começar a entrevista.
- Façam uma pergunta de cada vez e ouçam as respostas com atenção. Entrevistador e entrevistado devem falar próximo do microfone.
- Caso tenham decidido gravar ou filmar a entrevista, verifiquem, antes de finalizar o encontro, se a gravação ou a filmagem ficou boa ou se será preciso repetir alguma parte.
- Durante a entrevista, tirem algumas fotos do entrevistado e peçam a ele autorização para publicá-las.
- Se tiverem anotado as respostas, releiam e chequem as informações com o entrevistado. Se necessário, corrijam ou complementem o texto.

Jean Galvão/Arquivo da editora

REVISÃO DA ENTREVISTA

Assistam ao vídeo da entrevista ou ouçam o áudio ou releiam as perguntas e respostas observando:

- A pessoa entrevistada é apresentada no início da entrevista?
- As perguntas e as respostas estão audíveis?
- As perguntas foram feitas de modo claro?
- O entrevistado respondeu a cada uma das perguntas?
- Se vocês considerarem que é preciso esclarecer alguma resposta, tentem conversar novamente com o entrevistado.
- Caso tenham conseguido filmar ou gravar a entrevista, guardem o vídeo ou o áudio para reproduzir no dia da feira de ciências ou divulgar no *site* da escola ou nos grupos de mensagem dos familiares da turma. Caso a entrevista tenha sido feita por escrito, passem a limpo e guardem o texto para expor na feira de ciências.

DIVIRTA-SE

Faça uma experiência fácil e veja bolhas subirem e descerem sozinhas!

Peça a ajuda de um adulto. Você vai precisar de:

- um copo grande ou garrafa transparente;
- óleo;
- água;
- sal (ou pastilha efervescente);
- corante alimentício.

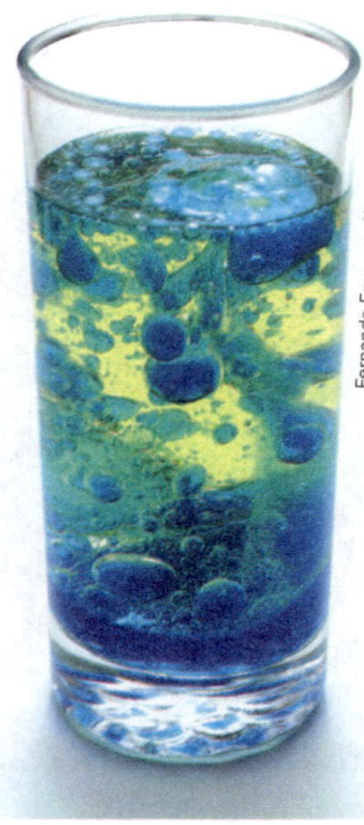
Fernando Favoretto/Arquivo da editora

Despeje água até a metade do recipiente. Acrescente gotinhas do corante. Depois, adicione o óleo, quase até encher. Observe. Adicione uma colher cheia de sal ou a pastilha efervescente.

Você já poderá observar as bolhas subindo e descendo.

CAPÍTULO 2

VOCÊ SABIA?

LEITURA

Leia o título do texto 1:

Fala-se muito de unicórnios em livros e no cinema, mas será que eles realmente existiram? Leia os textos a seguir:

TEXTO 1

Unicórnios existiram?

Por Marcelo Duarte
11 de maio de 2020

Existiram, sim! Mas eles não eram cavalos com um chifre na cabeça! A descoberta de um fóssil em 2016 no Cazaquistão mudou a história de como os paleontólogos imaginavam a vida desse animal. Os pesquisadores já conheciam o unicórnio-siberiano (*Elasmotherium sibiricum*). Mas as mais novas descobertas mostraram que essa espécie viveu até há 29 mil anos, e não mais extintos há 350 mil anos, como se imaginava anteriormente. Essa descoberta de pesquisadores russos permitiu dizer que o animal habitou a Terra na mesma época que os primeiros humanos. Inclusive, é provável que os nossos ancestrais tenham

Unicórnio-siberiano.

caçado unicórnios-siberianos. Os unicórnios lembravam bastante os rinocerontes atuais. Na fase adulta, um unicórnio-siberiano chegava a 2 metros de altura e 4,5 metros de comprimento. Pesava cerca de 4 toneladas. A principal arma de defesa do unicórnio era um chifre fino e afiado no meio da testa, que media 1,5 metro de altura e pesava 60 quilos.

(Resposta de Guilherme Domenichelli, biólogo e criador do canal Animal TV. Disponível em: https://www.guiadoscuriosos.com.br/animais/unicornios-existiram/. Acesso em: 10/12/2020.)

OS SENTIDOS DO TEXTO

1 O título do texto é uma pergunta.

a) Qual é a pergunta?

____

b) Qual é a resposta?

____

2 Como são os unicórnios de desenhos animados ou de pelúcia? Faça um desenho de um unicórnio conhecido por você.

3 O texto afirma que os unicórnios-siberianos "não eram cavalos com um chifre na cabeça". Com qual bicho o unicórnio-siberiano realmente se parecia?

___

4 O que os pesquisadores descobriram nas novas pesquisas sobre esse animal? Responda oralmente.

5 Para que o animal usava o chifre dele?

___

Você já ouviu falar de bichos pré-históricos? Com a ajuda do professor e dos colegas, leia cinco verbetes de curiosidade sobre alguns desses animais, já extintos.

TEXTO 2

Tiranossauro rex

Viveu no Período Cretáceo (por volta de 144 a 66 milhões de anos atrás). Foi um dos últimos dinossauros que desapareceu da Terra. Pesava oito toneladas, tinha doze metros de comprimento e seis metros de altura. Sua boca possuía cinquenta dentes afiadíssimos de até vinte centímetros.

DM7/Shutterstock

Tigre-dentes-de-sabre

Viveu há 11 milhões de anos. Seus longos dentes caninos mediam quinze centímetros e podiam ser comparados a duas espadas. Ficavam para fora quando o bicho fechava a boca. Só conseguia caçar animais grandes e lerdos. Quando os bichos foram se tornando mais velozes, o tigre-dentes-de-sabre perdeu sua fonte de alimentação e desapareceu.

Daniel Eskridge/Shutterstock

Mastodonte

Lembra um elefante. Foi contemporâneo do tigre-dentes-de-sabre. Era, por sinal, uma de suas principais presas. Alimentava-se de plantas, folhas e frutas.

Orla/Shutterstock

Tricerátopes

Também é do Período Cretáceo. Era do tamanho de um elefante (pesava cerca de seis toneladas), mas parecia mais um rinoceronte. Media dez metros de comprimento e só comia plantas.

Dotted Yeti/Shutterstock

Pterodátilo

Réptil voador que viveu de 195 a 70 milhões de anos atrás.

Foi o primeiro animal a voar depois dos insetos. Suas asas, com 7 metros de envergadura, lembram as asas-deltas de hoje em dia.

Elenarts/Shutterstock

(Marcelo Duarte. *Super-herói — Você ainda vai ser um*. São Paulo: Companhia das Letrinhas, 1996. p. 86-88.)

OS SENTIDOS DO TEXTO

1 Qual dos cinco animais voava? Escreva: ______________________

2 Entre os animais, dois eram vegetarianos. Escreva o nome deles:

____

3 O texto informa o tamanho e o peso de alguns animais.

a) Qual era o maior desses animais?

____

b) Qual era o mais pesado?

____

4 Compare as épocas em que os animais viveram:

tiranossauro rex →	144 a 66 milhões de anos atrás
tigre-dentes-de-sabre →	11 milhões de anos atrás
mastodonte →	11 milhões de anos atrás
tricerátopes →	144 a 66 milhões de anos atrás
pterodátilo →	195 a 70 milhões de anos atrás

a) Escreva o nome dos animais na linha do tempo.

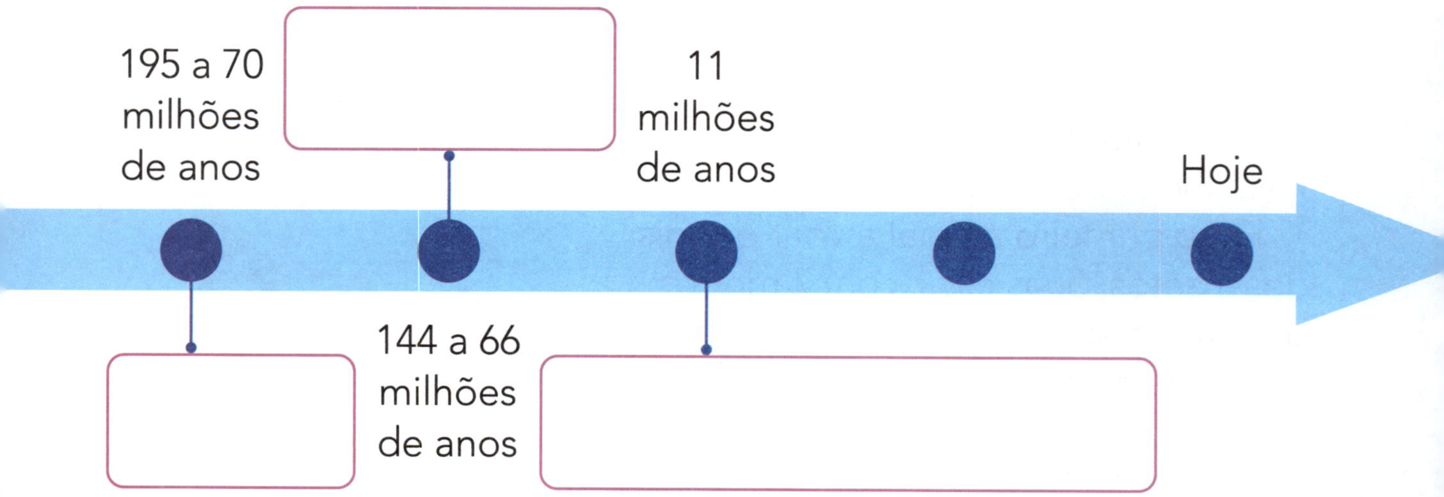

b) Sublinhe, na linha do tempo, o nome do animal mais antigo.

c) Circule, na linha do tempo, os nomes dos animais mais recentes.

5 Um desses animais se tornou lento.

a) Qual deles?

____

b) Como essa característica atrapalhou sua sobrevivência? Responda oralmente.

6 Você já conhecia essas informações sobre os animais? Vamos ver o que você aprendeu:

- O tiranossauro rex tinha muitos dentes afiados. ◯ já sabia ◯ aprendi
- Existiu um dinossauro voador. ◯ já sabia ◯ aprendi
- Os dentes do tigre-dentes-de-sabre pareciam espadas. ◯ já sabia ◯ aprendi
- O unicórnio realmente existiu. ◯ já sabia ◯ aprendi

A LINGUAGEM DOS TEXTOS

1 Leia novamente este trecho sobre o mastodonte:

"Foi contemporâneo do tigre-dentes-de-sabre."

A palavra **contemporâneo** significa:

◯ viveu na mesma época

◯ viveu em uma época posterior

2 O tiranossauro rex viveu "por volta de 144 a 66 milhões de anos atrás". O que quer dizer a expressão **por volta de**? Escreva:

____

____

Evgeny Haritonov/Shutterstock

3 A descoberta de um fóssil mudou o que se sabe sobre os unicórnios-siberianos. Você sabe o que é um **fóssil**? Converse com os colegas e assinale:

◯ Registro de tudo que existiu no passado, guardado pelas pessoas como recordação.

◯ Registro de seres vivos que existiram no passado e que foram conservados em rochas, areia, gelo.

4 Quem descobriu o fóssil do unicórnio-siberiano foram paleontólogos. Você sabe o que faz um paleontólogo? Pesquise e depois assinale:

◯ Profissional que estuda os fósseis e os registros pré-históricos dos seres que já habitaram o planeta Terra.

◯ Profissional que estuda todo tipo de vida existente no planeta Terra, como animais e plantas.

5 Quem responde à pergunta-título do texto 1 é Guilherme Domenichelli, identificado como biólogo. Você sabe o que faz um biólogo? Se não sabe, veja o sentido das duas partes que formam a palavra:

BIO: significa vida. LOGO: significa estudo.

Então, biólogo é aquele que

____

TROCANDO IDEIAS

Vocês vão organizar uma pesquisa e escrever verbetes de curiosidade para a feira de ciências da turma, ao final desta unidade. Converse com os colegas sobre as seguintes questões:

1. Quais são suas curiosidades? Diga sobre o que gostaria de ter explicações e entender o porquê.
2. Quais são as principais dúvidas e curiosidades da turma? Com a ajuda do professor, faça uma lista dos assuntos mais comentados pela turma.

REFLEXÃO SOBRE A LINGUAGEM

O SUBSTANTIVO

1. Releia um dos verbetes de curiosidade que você estudou neste capítulo:

> "Mastodonte
>
> Lembra um elefante. Foi contemporâneo do tigre-dentes-de-sabre. Era, por sinal, uma de suas principais presas. Alimentava-se de plantas, folhas e frutas."

a) Escreva o nome destes seres:

Pascale Gueret/Shutterstock

Ozja/Shutterstock

b) Agora, escreva o nome dos alimentos do mastodonte:

1000 Words/Shutterstock

Triff/Shutterstock

aaltair/Shutterstock

2 Algumas partes do corpo dos animais são descritas nos textos no começo do capítulo. Escreva o nome dessas partes:

DM7/Shutterstock

Reprodução/Nature Ecology and Evolution

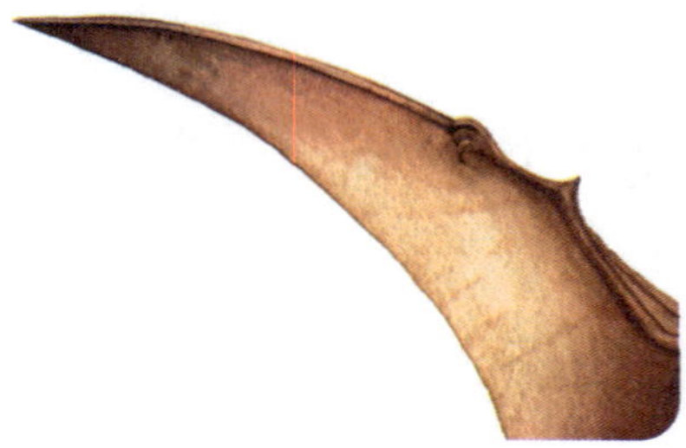
Katrine Glazkova/Shutterstock

3 Quais são os primeiros nomes dos autores dos dois textos lidos?

____

Você escreveu o nome de vários seres citados no texto: animais, plantas, pessoas.

Na língua portuguesa, as palavras que nomeiam os seres são chamadas **substantivos**.

Observe todos os nomes que você escreveu. Agora, releia os nomes, divididos em dois grupos:

Grupo 1		Grupo 2
elefante	tigre-dentes-de-sabre	Guilherme
plantas	folhas	Marcelo
frutas	dentes	
chifre	asa	

4 Observe a letra inicial de todas as palavras do quadro acima.

a) Em qual grupo as palavras estão escritas com a letra inicial minúscula?

____

b) Em qual grupo as palavras estão escritas com a letra inicial maiúscula?

____

5 Agora, observe o mesmo quadro com mais algumas palavras:

Grupo 1		Grupo 2	
elefante	chifre	Taís	Marcelo
tigre	saudades	Guilherme	Angola
plantas	folhas	Recife	
frutas	dentes		
asa	cama		
caneta	alegria		

Associe as colunas:

Grupo 1	Palavras que identificam indivíduos de uma espécie, cidades, países, regiões, empresas, etc. São escritas com a primeira letra maiúscula.
Grupo 2	Palavras que nomeiam todos os seres de uma espécie ou coisas, objetos, partes dos seres, emoções. São escritas com a primeira letra minúscula.

Há dois tipos de substantivo: os comuns e os próprios.

Os **substantivos comuns** nomeiam todos os seres da mesma espécie.

Os **substantivos próprios** identificam um indivíduo de uma espécie.

São substantivos comuns palavras como **menina**, **biólogo**, **dinossauro**, **cachorro**, **cidade**, **país**. São substantivos próprios palavras como **Ana**, **Guilherme**, **Londrina**, **Argentina**.

Os substantivos comuns são escritos com letras minúsculas, e os substantivos próprios são escritos com a letra inicial maiúscula e as outras minúsculas. Veja:

Substantivos comuns	Substantivos próprios
gato	Mimi
menino	Luisinho
avenida	Independência
cidade	Recife
rio	Amazonas
país	Brasil

6 Pense na escola onde você estuda e na sua turma.

a) Qual é o nome da sua escola?

____

b) Qual é o nome de seu(s) professor(es)?

____

c) Qual é o primeiro nome da lista de chamada da turma? E o último?

____

d) Os nomes que você escreveu são substantivos comuns ou próprios?

____

7 Pense nos objetos que você vê ao seu redor na sala de aula.

a) Onde você pode se sentar?

____

b) O que você usa para escrever?

____

c) Onde você ou o(s) professor(es) anota(m) os recados para os pais ou responsáveis?

____

____

d) Os nomes que você escreveu são substantivos comuns ou próprios?

____

____

DE OLHO NA LEITURA E NA ESCRITA: EMPREGO DE CA, CO, CU, QUE, QUI E GA, GO, GU, GUE, GUI

CA, CO, CU, QUE, QUI

Você sabia que existe um animal que consegue mudar de cor? Leia o poema de José Paulo Paes:

Esperteza

O camaleão
não é nenhuma mistura
de camelo com leão.

É um lagarto esperto
que muda de cor
quando o inimigo está perto.

Enganado, o inimigo
vai-se embora e o camaleão
se livra do perigo.

Por isso é que eu digo:

Não é bicho mais esperto
que camelo ou leão
o camaleão?

(*Lé com cré*. São Paulo: Ática, 1993.)

Alcy/Acervo do artista

Alcy/Acervo do artista

1 Observe os nomes dos animais:

CAMELO LEÃO CAMALEÃO

a) Pinte de **azul**, nas duas primeiras palavras, grupos de letras que também aparecem em **camaleão**.

b) Por que o poema afirma que "o camaleão não é nenhuma mistura de camelo com leão"? Responda oralmente.

2 O camaleão é um bicho esperto. Qual é a esperteza dele? Responda oralmente.

3 Releia estas palavras do poema:

CAMALEÃO	CAMELO	COM	COR

a) Qual é a letra que inicia todas as palavras? ☐

b) Quais vogais aparecem após essa letra?

____

c) Agora, compare essas palavras com outras iniciadas pela mesma letra:

CIDADE	CASA	CARACOL	CANTO	CUBO
CENTRO	CORAÇÃO	CUTIA	CEBOLA	CIMENTO

A letra **C** apresenta o mesmo som em todas as palavras?

____

4 Escreva as palavras acima no quadro a seguir, organizando-as em dois grupos.

Palavras em que a letra C tem som de "quê"	Palavras em que a letra C tem som de "sê"

5 Agora observe, nessas palavras, a vogal que vem depois da letra **C** e conclua:

a) Que som tem a letra **C** quando é seguida das vogais **E** e **I**?

____

b) Que som tem a letra **C** quando é seguida das vogais **A**, **O** e **U**?

____

6 Leia estas palavras:

UNICÓRNIO		PESQUISADORES
CASA	QUEM	QUILO

Observe, nessas palavras, as vogais que vêm depois de **C** e de **QU**. Agora, preencha o quadro:

<table>
<tr><td rowspan="4">C</td><td rowspan="4">+</td><td>VOGAIS</td><td rowspan="7">= som de QUÊ</td></tr>
<tr><td></td></tr>
<tr><td></td></tr>
<tr><td></td></tr>
<tr><td rowspan="3">QU</td><td rowspan="3">+</td><td>VOGAIS</td></tr>
<tr><td></td></tr>
<tr><td></td></tr>
</table>

7 Observe agora estas palavras:

TAÇA ALIMENTAÇÃO PEÇA AÇO AÇUDE

a) Nessas palavras, a letra **C** é seguida das vogais **A**, **O** e **U**. O som da letra **C** é parecido com o som de "quê" ou de "sê"?

____

b) Que sinal foi empregado na letra **C** para indicar que ela tem o som de "sê"?

____

8 Complete as palavras com uma destas sílabas: **ca**, **co**, **cu**, **que**, **qui**.

mos________to

Thomaz Vita Neto/Pulsar Imagens

________cada

ra________te

________cuz

ba________lhau

ar________vo

Ilustrações: Edson Farias/Arquivo da editora

GA, GO, GU, GUE, GUI

Você sabia que as formigas podem carregar 50 ou até 100 vezes o peso do próprio corpo? Leia este poema de Fernanda Sander:

Formiga

Tua força me intriga
Pequenina imensidão
Tem braços de gigante?
Pernas de elefante?
Olho, olho e vejo que não.
Leva para casa
O peso do mundo
Nas suas costas, a sustentar...
Folhinhas e farelos
Restos de cogumelos
Para em sua horta colocar.

(*Ideia passarinha: poesia (in)completa para crianças*. São José dos Campos, SP: Fernanda Sander Canabrava Bincoleto, 2019. p. 44.)

Ilustra Cartoon/Arquivo da editora

1 O que a formiga faz de especial para o tamanho que ela tem? Responda oralmente.

2 O poema chama a formiga de "pequenina imensidão".

a) O que quer dizer **pequenina**?

____

b) E o que quer dizer **imensidão**? Procure no dicionário com o auxílio do professor. Depois, marque a resposta correta.

( ) Característica do que é muito forte.

( ) Característica do que é muito grande, imenso.

( ) Quando nadamos embaixo da água.

c) Comente com os colegas: Como a formiga pode ser uma "pequenina imensidão"?

d) No poema, o que a formiga leva em suas costas? Assinale:

( ) folhinhas
( ) areia
( ) florzinhas
( ) restos de cogumelos
( ) farelos
( ) restos de carambola

3 A letra **g** pode apresentar o som "gê", como em **gelo**, ou o som "guê", como em **galo**. Observe as sílabas destacadas nestas palavras do texto:

formiga intriga gigante cogumelo

- Em quais dessas palavras a letra **g** tem o som "guê"? E o som "gê"? Pinte de **azul** as sílabas em que o **g** tem som semelhante ao de **gato** e, de **vermelho**, as sílabas em que o **g** tem som semelhante ao de **gelo**.

4 Observe mais algumas palavras com **g**:

galo gorro gula gente gincana

Agora, conclua:

a) Que vogais vêm depois da letra **g** quando ela tem o som "gê", como em **gelo**?

____

b) Que vogais vêm depois da letra **g** quando ela tem o som "guê", como em **gato**?

____

5 Compare as sílabas iniciais destas palavras:

Ilustrações: Ilustra Cartoon/Arquivo da editora

a) Em quais palavras a letra **g** tem o som "gê", como em **gelo**?

____

b) Em quais palavras a letra **g** tem o som "guê", como em **galo**?

____

c) Conclua:

- Antes das vogais **e** e **i**, que vogal devemos usar depois da letra **g** para que ela tenha o som "guê"?

____

6 Ligue cada uma das palavras abaixo à figura cujo nome tem o mesmo som da letra **g**.

guitarra - gema - guepardo - gengiva - guilhotina - gibi - guerreiro

Ilustrações: Ilustra Cartoon/Arquivo da editora

BRINCANDO COM PALAVRAS

1 Participe do "Jogo dos nomes":

- Dividam-se em grupos de 3 ou 4 alunos.
- Todos os grupos começam com 10 pontos.
- Recortem as 5 cartas da página 335 do livro. Cada grupo precisa de apenas um conjunto de cartas.
- A cada rodada, um grupo tira uma carta e os demais grupos dizem um nome da categoria indicada: objeto, animal, pessoa, brincadeira, personagem de histórias ou desenhos animados.
- Cada grupo tem 10 segundos para responder.
- O grupo que não responder perde 1 ponto.

Giz de Cera/Arquivo da editora

2 Desafio da máquina de palavras: vamos formar palavras novas com **C**, **QU** e **Ç**. Para isso, é preciso observar as coordenadas da máquina e descobrir onde cada letra deve entrar. Veja o exemplo:

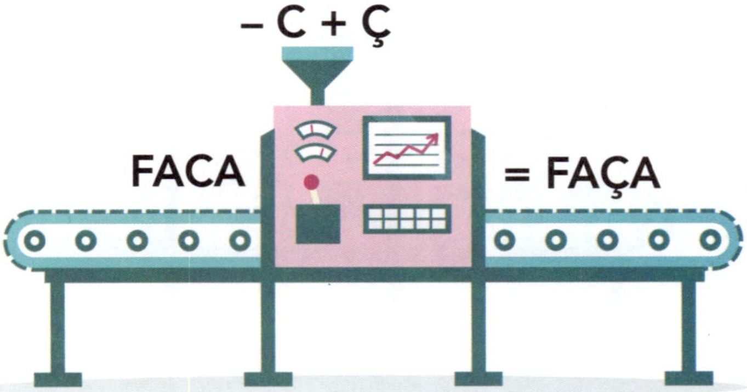

Red Deer/Shutterstock

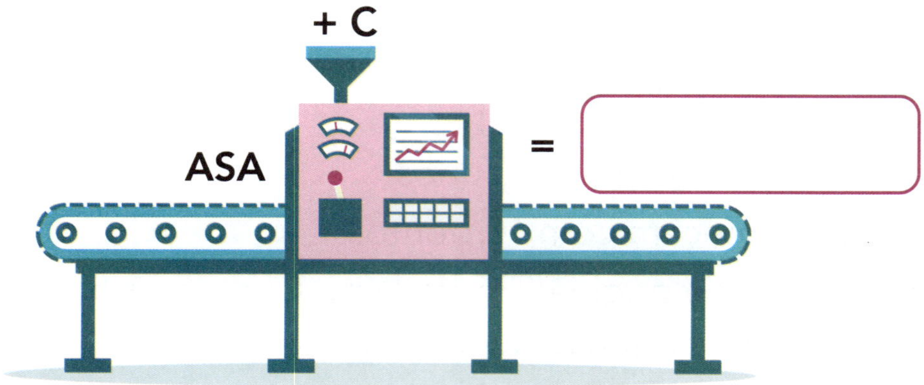

Ilustrações: Red Deer/Shutterstock

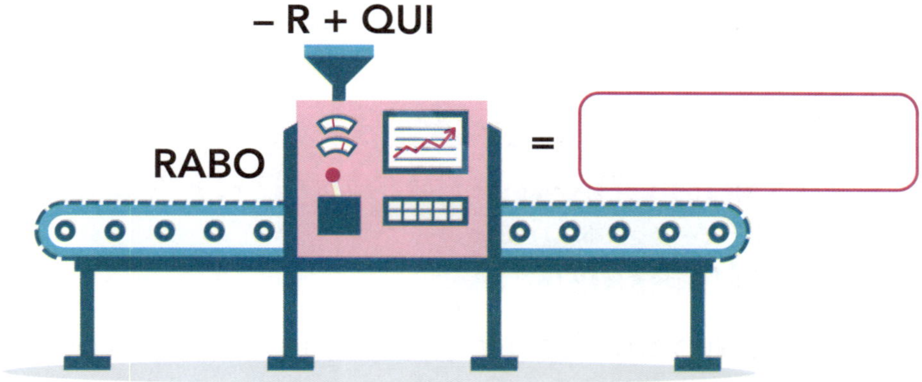

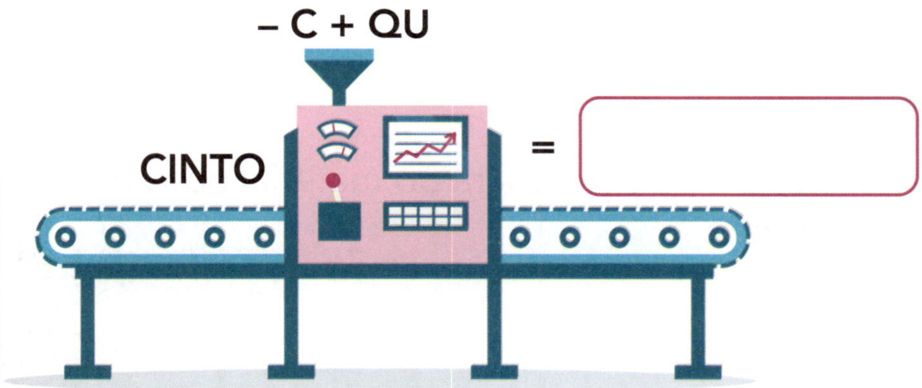

Ilustrações: Red Deer/Shutterstock

3 Se você é craque em adivinhas, tente "matar" as seguintes. Dica: em todas as respostas, você deverá empregar uma palavra com **g**.

a) O que é, o que é: duro como pedra, mas logo se derrete como manteiga?

____

b) O que é, o que é: canta quando amanhece e volta a cantar quando o Sol desaparece?

____

c) O que é, o que é: cai, mas sempre em pé?

____

d) O que é, o que é: cheira mal, mas não pode evitar nem o banho resolverá?

____

DE OLHO NA ORALIDADE: RELATANDO OBSERVAÇÃO DE PROCESSO

FAZENDO EXPERIÊNCIA

Como um bom cientista, na seção anterior você analisou diversas palavras e descobriu que as letras **c** e **g** podem ter diferentes sons e que esses sons dependem da vogal que vem depois delas. Agora, vamos continuar desenvolvendo esse seu lado cientista! Forme um grupo com 3 ou 4 colegas para participar de uma experiência científica.

Para fazer a experiência, o grupo precisará do material abaixo e deverá seguir o procedimento:

Sol de Zuasnabar Brebbia/Getty Images

Material

- 1 copo (ou pratinho)
- um pouco de algodão
- água filtrada ou mineral (sem cloro)
- 1 grão de feijão

Procedimento

- Umedeçam o algodão e forrem o fundo do copo (ou pratinho).
- Ponham o feijão sobre o algodão e deixem o copo (ou pratinho) em um local iluminado.

- Coloquem água diariamente, não deixando o algodão secar.
- Todos os dias, com a ajuda do professor ou dos colegas, anotem no caderno a data e as mudanças que aconteceram. Registrem cada alteração em fotos, se possível, ou desenhem ao lado das anotações.
- Continuem a experiência até o feijão brotar e o broto atingir uma altura de aproximadamente 20 centímetros. Quando isso acontecer, encerrem a experiência e plantem o broto de feijão em um lugar com terra.

RELATANDO AS ETAPAS DA OBSERVAÇÃO

Leiam as anotações que fizeram no caderno (se necessário, peçam ajuda ao professor para ler).

Depois, cada membro do grupo deve treinar um relato oral das observações. Vejam algumas orientações:

- Façam uso de expressões como "No primeiro dia", "No segundo dia", "No terceiro dia", "No último dia", "Depois", "No dia seguinte", etc.
- Falem no plural, ou seja, usem palavras como **notamos**, **observamos**, **vimos**, etc.
- Descrevam as alterações que ocorreram com o feijão a cada dia, como as mudanças de cor, de textura, de tamanho, o nascimento do broto e das folhas, o crescimento da planta, etc.

Giz de Cera/Arquivo da editora

Quando o relato de todos estiver bom, escolham um membro do grupo para apresentá-lo diante de toda a turma.

O relator deve falar com voz alta e firme, sem interrupções e sem ler as anotações.

- Vocês podem expor as fotos ou os desenhos que fizeram para ilustrar o relato: as fotos podem ser exibidas digitalmente ou reveladas e coladas em um cartaz; os desenhos também podem ser reproduzidos em um cartaz para acompanhar a exposição.
- Filmem as apresentações. As gravações poderão ser reproduzidas no dia da feira de ciências, perto dos pés de feijão.

PRODUÇÃO DE TEXTO

O VERBETE DE CURIOSIDADE (I)

Neste capítulo, você leu **verbetes de curiosidade** a respeito de animais pré-históricos, já extintos, e também sobre animais diferentes ou interessantes.

Que tal retomar a lista de curiosidades da turma para produzir os próprios verbetes? Veja como são:

- São textos curtos, que circulam normalmente em revistas, livros, enciclopédias e *sites*.
- São textos escritos para explicar um assunto que nem todo o mundo conhece, como: por que chove, por que caem raios, como saber se um ovo está fresco ou está choco.
- Têm um título, que apresenta o assunto, seguido de uma explicação que se quer transmitir.
- A linguagem é parecida com a das revistas, dos jornais e das enciclopédias.
- Seus leitores são estudantes e curiosos de todas as idades, que gostam de saber o porquê das coisas.

Veja, a seguir, mais um exemplo de verbete de curiosidade.

Por que, quando um gato faz cocô, coloca terra por cima?

O ato de esconder as fezes é um recurso muito utilizado por felinos em geral, como forma de proteger a própria espécie. Não revelando seu paradeiro a outros animais, eles se protegem de predadores e não espantam suas presas. Também por isso, a maioria dos animais não defeca nas proximidades do ninho ou da caça.

Ilustra Cartoon/Arquivo da editora

(Disponível em: https://www.guiadoscuriosos.com.br/curiosidade_dia/por-que-quando-um-gato-faz-coco-coloca-terra-por-cima/#:~:text=O%20ato%20de%20esconder%20as,e%20n%C3%A3o%20espantam%20suas%20presas. Acesso em: 13/12/2020.)

AGORA É A SUA VEZ

Ao final desta unidade, você e os colegas vão organizar uma feira de ciências na escola e expor as descobertas feitas ao longo do capítulo.

Você é curioso?! Ouça as orientações do professor e leia as instruções a seguir, junte-se a um ou mais colegas para produzir um verbete de curiosidade. Vocês vão descobrir coisas interessantes e divulgar conhecimento na feira de ciências.

1 Escolha do tema

Escolham o tema que vocês gostariam de pesquisar e conhecer mais profundamente. Retomem a lista que fizeram com as curiosidades da turma ou escolham um dos temas a seguir:

- Por que chove?
- Por que ocorrem secas?
- O que é ano bissexto?
- Por que o ano tem quatro estações?

- Por que o mar tem ondas?
- Por que piscamos?
- Por que temos meleca no nariz?
- Qual é o maior animal do mundo?
- Qual é o animal mais veloz do mundo?
- Por que os gatos se lambem?

Ilustra Cartoon/Arquivo da editora

2 Pesquisando o tema

Peçam ao(à) bibliotecário(a) da escola livros, revistas ou enciclopédias em que possa haver informações sobre o tema escolhido.

3 Tomando notas

Anotem no caderno as informações mais importantes que encontrarem sobre o assunto. Depois, façam uma discussão e selecionem quais dessas informações vão entrar no verbete.

PLANEJAMENTO DO TEXTO

- Pensem em um título para o verbete de curiosidade. Ele pode ser uma pergunta iniciada com "Por que..." ou com "Você sabia que...".
- Escrevam o texto pensando no leitor: crianças como você, familiares e amigos. O texto será afixado no painel que vocês vão montar com os colegas da turma.

Giz de Cera/Arquivo da editora

- Façam um texto curto, apresentando as principais informações sobre o tema pesquisado.
- A linguagem deve ser clara e caprichada, como em enciclopédias, livros e revistas.

REVISÃO E REESCRITA

- O texto apresenta um título atraente?
- O título já anuncia o tema pesquisado?
- O texto é curto?
- As explicações do texto respondem à pergunta apresentada no título?
- A linguagem está clara e caprichada, parecida com a de livros e revistas?
- Modifiquem o que for necessário, passem o texto a limpo e ilustrem-no com desenhos ou fotos.

Guardem o verbete de curiosidade para expor no painel **Pequenos cientistas, grandes descobertas**, que a turma vai montar no final da unidade.

DIVIRTA-SE

(*Folha de S.Paulo*, 21/9/1989. Ilustrada, p. 6.)

CAPÍTULO 3

CIÊNCIA PARA CUIDAR DA SAÚDE

LEITURA

Leia o título de um artigo de divulgação científica:

Vacinação: o que você sabe sobre isso?

Converse com o professor e com os colegas sobre as seguintes questões:

- Esse título é uma pergunta. Deduza: A quem ela é feita?
- O que você responderia a essa pergunta antes de ler o texto?

Agora, leia o texto com a ajuda do professor e dos colegas:

TEXTO 1

Vacinação: o que você sabe sobre isso?

Sarampo, poliomielite, caxumba, rubéola... Está pensando que vamos falar apenas sobre doenças? Não! Vamos falar sobre como evitá-las. Você se arrisca a dizer como isso pode ser feito? Acertou quem disse: "tomando vacina". Atualmente, muitas doenças estão sob controle por causa dos avanços da medicina no desenvolvimento das vacinas. Elas nos livram de epidemias, que é o que acontece quando uma doença se espalha.

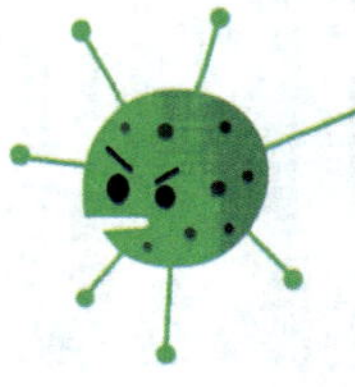

Ilustração Jaca/Ciencia Hoje das Crianças

Algumas doenças graves, como varíola e sarampo, você conhece apenas de ouvir falar, não é? Pois isso é resultado do trabalho de cientistas que se dedicam a pesquisar como proteger a saúde das pessoas de microrganismos causadores de doenças. Eles criam vacinas contra diferentes vírus e bactérias. Nós tomamos essas vacinas e corremos menos risco de adoecer. Ufa!

Mas as pessoas nem sempre pensaram assim. No século 19, as pessoas resistiam à vacinação por falta de informação. Muita gente se revoltou e não queria tomar vacina, porque não sabia se ela ia mesmo fazer bem. Surgiram muitos boatos e ninguém se entendia.

[...]

Muito tempo depois...

Século 21: o cenário é bem diferente. Conquistamos muitos avanços e milhares de pessoas preservaram a própria vida e a vida dos filhos tomando vacina. Doenças graves foram banidas em muitos países.

Porém, ainda existem alguns grupos pelo mundo contrários à vacinação, inclusive no Brasil. São famílias que deixam de vacinar seus filhos por acreditarem em boatos sobre os riscos de certas vacinas. Boatos são notícias falsas que, hoje em dia, se espalham rapidamente pela internet.

[...]

Ilustração Jaca/Ciencia Hoje das Crianças

Vacinas funcionam mesmo?

A resposta é sim! A maioria delas funciona muito bem. A tríplice viral, por exemplo, oferece proteção quase total contra alguns vírus. Isso quer dizer que, se você tomar essa vacina, dificilmente terá sarampo, caxumba ou rubéola.

[...]

E se eu não tomar mais vacina?

Quando alguém decide não se vacinar ou não vacinar uma criança, está prejudicando toda a população. Muitas pessoas podem ficar doentes por isso. Se muitas pessoas estão vacinadas, aquelas que não podem se vacinar (devido a alergias, idade ou gravidez) também ficam protegidas. Com muitas pessoas vacinadas, o microrganismo causador da doença não consegue circular naquela população. Ao contrário, se poucas pessoas estão vacinadas, o microrganismo circula mais livremente e as pessoas que não tomaram a vacina porque não podiam terão maior risco de contrair a doença. É por isso também que ser contra vacinação é perigoso!

Além disso, doenças que não afetavam a população há muito tempo, ou seja, que já estavam erradicadas — ou quase —, podem voltar, como aconteceu com o sarampo, que causa grande preocupação devido à sua facilidade de transmissão. Em alguns países, o número de casos tem aumentado bastante. Houve até um registro de surto em um parque temático nos Estados Unidos.

[...]

(*Ciência Hoje das Crianças*, outubro 2018, p. 7-9.)

OS SENTIDOS DO TEXTO

1 Retome as respostas dadas às perguntas feitas antes da leitura do texto. Responda oralmente:

a) O que você já sabia sobre a vacinação?

b) O que você aprendeu sobre vacinação?

2 No subtítulo, trecho logo abaixo do título, há o nome de várias doenças.

a) Quais são elas? Escreva:

____

____

b) Você já teve alguma dessas doenças? Se sim, escreva qual foi.

____

____

c) O que essas doenças têm em comum? Responda oralmente.

3 Pelo subtítulo, sabemos que as vacinas evitam epidemias. Releia o texto e responda: O que é uma epidemia?

( ) É o nome de outra doença.

( ) É o surto de uma doença, que se espalha.

( ) É a cura para uma doença.

4 No primeiro parágrafo do texto, sabemos quem é responsável por desenvolver as vacinas. Quem são essas pessoas?

( ) Cientistas que se dedicam a pesquisar como proteger nossa saúde.

( ) Médicos que cuidam da gente quando ficamos doentes.

5 No texto, há um trecho intitulado "Muito tempo depois...". Assinale a alternativa correta:

( ) O trecho compara dois períodos distantes, o século 19 e o século 21, pois, no século 19, muita gente desconfiava de vacinas e atualmente isso não acontece.

( ) O trecho compara dois períodos distantes, o século 19 e o século 21, pois, no século 21, ainda tem gente que desconfia de vacinas e deixa de tomá-las.

6 Algumas pessoas não tomam vacinas e não vacinam seus filhos.

a) Em que elas acreditam?

____

____

Giz de Cera/Arquivo da editora

b) Como as notícias falsas se espalham hoje em dia?

____

7 De acordo com o texto:

a) As vacinas realmente funcionam?

____

b) Se você tomar a vacina chamada tríplice viral, de quais doenças estará livre? Assinale:

- ◯ gripe
- ◯ sarampo
- ◯ rubéola
- ◯ caxumba
- ◯ varíola

8 Algumas pessoas escolhem não tomar vacina e prejudicam aquelas que não podem.

a) Quem realmente não pode tomar vacina? Assinale:

- ◯ quem tem alergia
- ◯ quem tem medo de agulha
- ◯ quem não tem idade adequada
- ◯ mulheres grávidas

b) Para provar os perigos de não tomar vacina, o texto traz o exemplo de uma doença. Qual é essa doença? O que aconteceu nos últimos tempos?

____

9 O texto afirma que, quando muitas pessoas decidem não tomar vacina, elas prejudicam toda a população. Por que isso acontece? Explique oralmente.

10 Agora leia o infográfico a seguir.

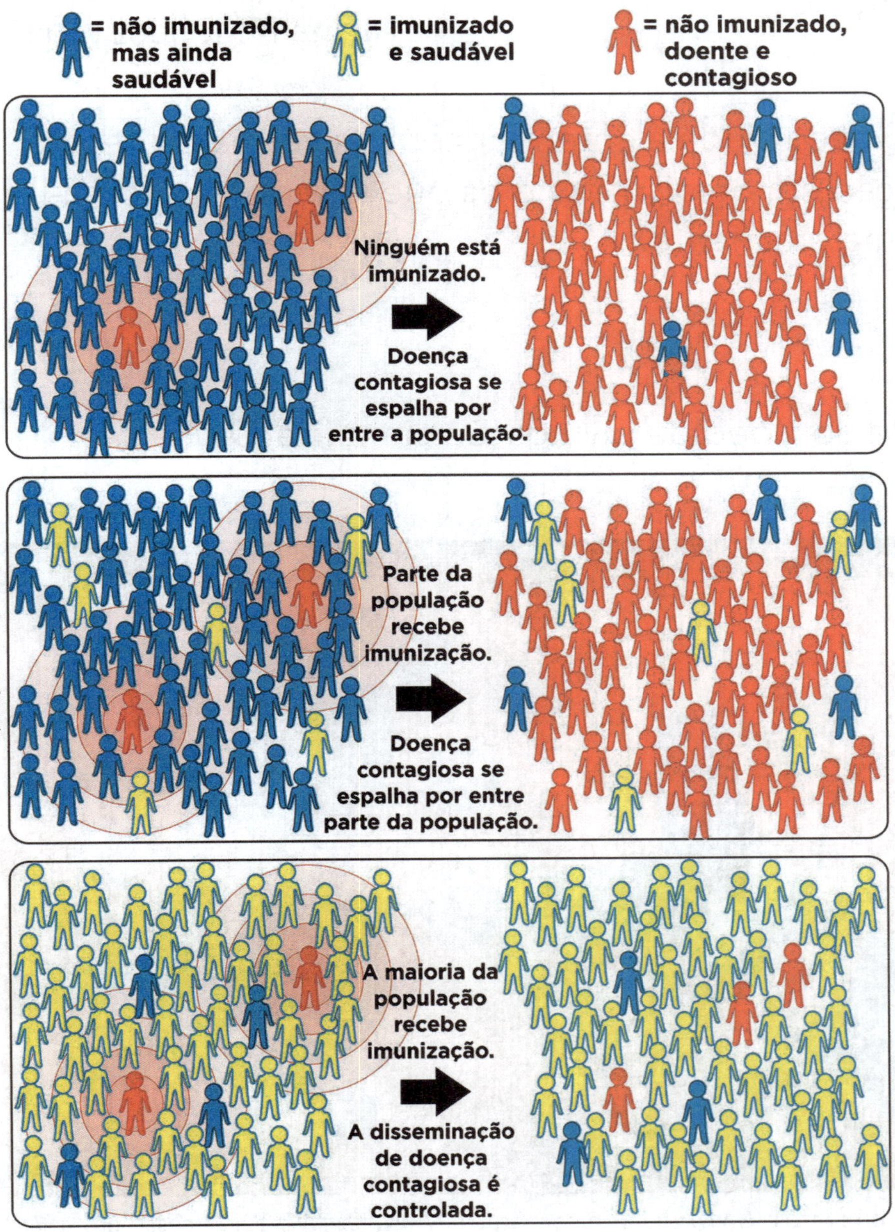

Reprodução/Niadi, com tradução em português feito pelo Departamento do Estado dos EUA/Share America

(Disponível em: https://share.america.gov/pt-br/desenvolvendo-a-proxima-vacina-dinheiro-dos-impostos-salva-vidas/. Acesso em 18/2/2020.)

a) Faça a correspondência para indicar o que cada cor de bonequinho representa.

Amarelo	Pessoa que não tomou a vacina e está doente.
Azul	Pessoa que tomou a vacina ou ficou doente e se curou.
Vermelho	Pessoa que não tomou a vacina nem ficou doente.

b) O infográfico ajuda a entender como a vacina protege a população em geral, mesmo os que não podem tomá-la? Responda oralmente.

TEXTO 2

Agora, assista ao vídeo de divulgação científica *O que são anticorpos?*.

Reprodução/Youtube

(Disponível em: https://www.youtube.com/watch?v=WZj0x4W2QDk. Acesso em: 18/12/2020.)

OS SENTIDOS DO TEXTO

1 Qual é o objetivo do vídeo? Assinale:

( ) Explicar como nós pegamos doenças.

( ) Explicar o que é um anticorpo e como ele age em nosso corpo para combater doenças.

( ) Explicar como são feitas as vacinas.

2 No vídeo, o sistema imunológico é definido como um sistema de defesa muito esperto. A locutora diz que o anticorpo é "uma estrela aí".

Reprodução/Youtube

a) Descreva oralmente: Como é a imagem que aparece quando se diz que os anticorpos são uma estrela?

b) Conclua: A que tipo de estrela o vídeo se refere?

____

____

____

3 Como os anticorpos são produzidos e agem em nosso corpo para nos salvar das doenças? Coloque em ordem, numerando de 1 a 4.

( ) Nosso sistema imunológico identifica os detalhes exclusivos do germe invasor.

( ) Nosso sistema imunológico produz um anticorpo sob medida para o invasor.

( ) Um germe invade nosso corpo.

( ) O anticorpo se encaixa no germe para combatê-lo e chama outros anticorpos para acabar com o invasor.

4 Depois de fabricados por nosso corpo, o que acontece com os anticorpos? Responda oralmente.

5 O vídeo também aborda as vacinas. Responda oralmente:

a) Para que tomamos vacina?

b) De acordo com o texto, a vacina deixa a gente imune, sem risco de adoecer. Depois de vacinados, nós chegamos a ficar doentes? Por quê?

A LINGUAGEM DOS TEXTOS

1 Releia o primeiro parágrafo do texto:

> "Algumas doenças graves, como varíola e sarampo, você conhece apenas de ouvir falar, não é? Pois isso é resultado do trabalho de cientistas que se dedicam a pesquisar como proteger a saúde das pessoas de microrganismos causadores de doenças. Eles criam vacinas contra diferentes vírus e bactérias. Nós tomamos essas vacinas e corremos menos risco de adoecer. Ufa!"

a) Quais são os "microrganismos causadores de doenças"?

____

b) O parágrafo termina com a palavra **Ufa** seguida de um ponto de exclamação (!). Qual é o sentido dessa expressão? Assinale:

( ) cansaço ( ) alívio ( ) alegria

2 O texto afirma que, com as vacinas, doenças graves foram banidas. Qual palavra poderia substituir **banidas** sem alterar o sentido do trecho?

( ) curadas ( ) alteradas ( ) eliminadas

3 O vídeo a que você assistiu começa com a seguinte frase:

"O nome anticorpo é muito esquisito, parece até que é um troço contra a gente."

a) Associe as palavras a seguir com o sentido que elas têm:

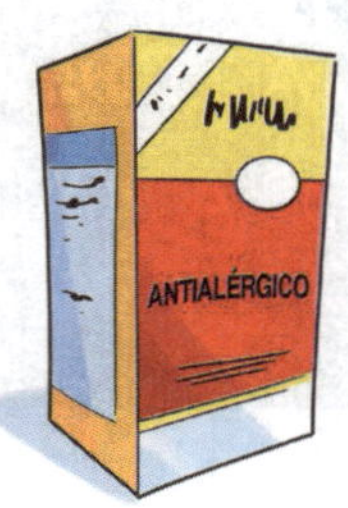

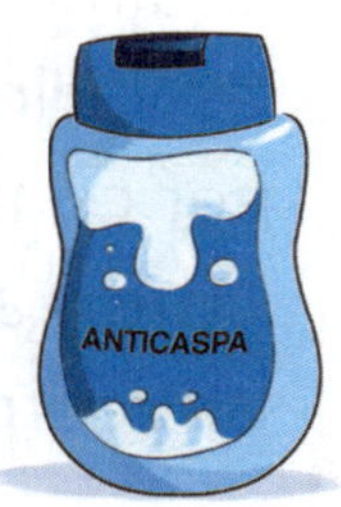

Ilustrações: Ilustra Cartoon/Arquivo da editora

antialérgico	antibacteriano	anticaspa

sabonete contra bactérias	xampu contra caspa	remédio contra alergia

b) Converse com os colegas e responda oralmente: Por que o nome **anticorpo** parece algo que seria contra a gente?

c) O **anticorpo** é algo contra ou a favor do nosso corpo?

____

4 O texto e o vídeo explicam que as vacinas nos tornam imunizados contra doenças e são uma espécie de "pronta entrega de anticorpos".

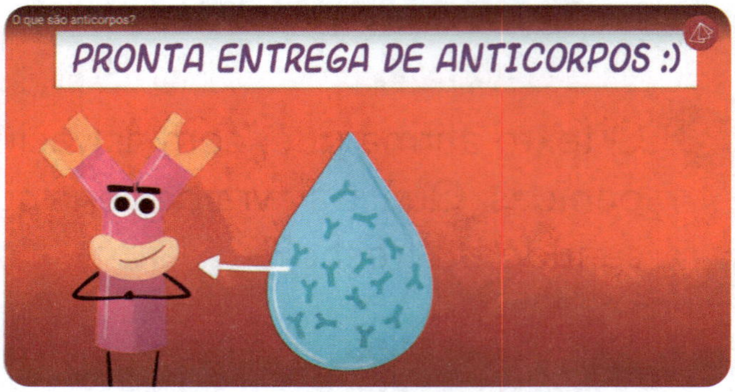

Reprodução/Youtube

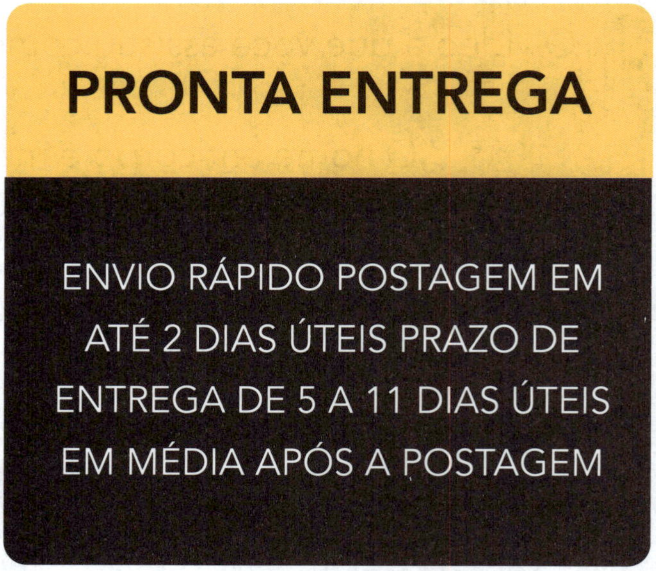

Banco de imagens/Arquivo da editora

a) Observe, ao lado, a imagem retirada do vídeo e o anúncio de uma loja. Responda oralmente: O que é pronta entrega?

b) Converse com os colegas e responda oralmente: Por que as vacinas podem ser consideradas "pronta entrega de anticorpos"?

TROCANDO IDEIAS

1 Você costuma tomar vacinas?

2 Você se lembra da última vez que tomou vacina? Como foi? Conte para os colegas.

3 Você se sente mais protegido das doenças após tomá-las?

REFLEXÃO SOBRE A LINGUAGEM

MASCULINO E FEMININO, SINGULAR E PLURAL

Leia este cartaz de uma campanha de vacinação:

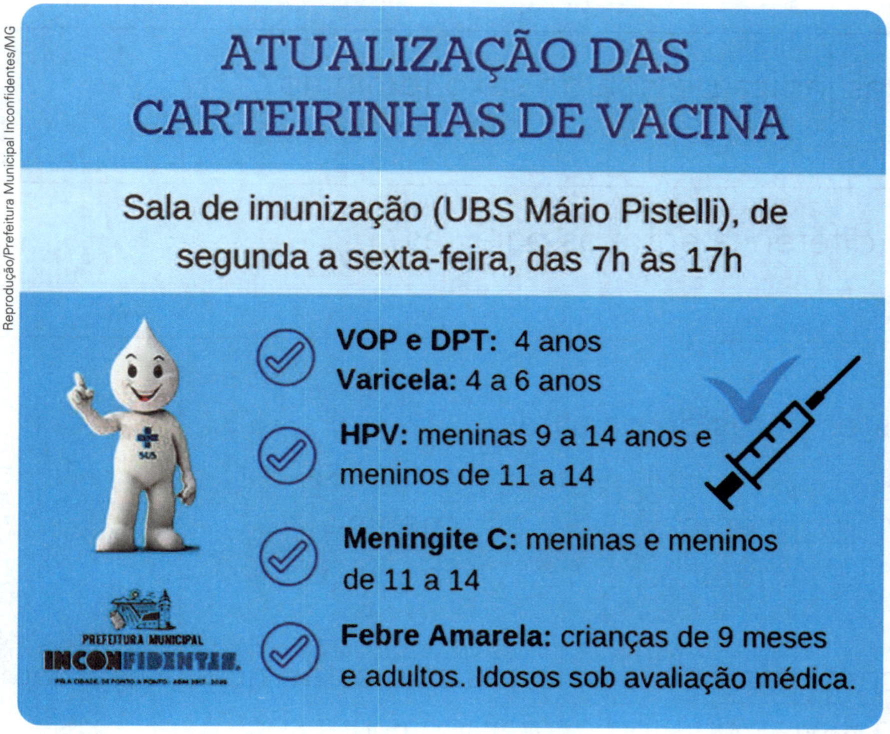

(Disponível em: https://www.inconfidentes.mg.gov.br/index.php/noticia/808-departamento-de-saude-alerta-para-atualizacao-de-carteirinhas-de-vacina. Acesso em: 18/12/2020.)

1 Quem deve tomar cada uma das vacinas? Faça a associação entre as colunas:

HPV	Meninas e meninos de 11 a 14 anos.
Meningite C	Crianças de 9 meses e adultos. Idosos sob avaliação médica.
Febre amarela	Meninas de 9 a 14 anos e meninos de 11 a 14.

2 Observe as seguintes palavras:

menina	menino

a) Qual delas indica pessoa do sexo masculino?

____

b) Qual delas indica pessoa do sexo feminino?

____

c) Qual é a diferença entre as palavras?

____

3 Compare estes pares de palavras:

menina	menino
meninas	meninos

a) Circule com uma cor as palavras que estão no singular, ou seja, as palavras que indicam apenas um ser.

b) Circule com outra cor as palavras que estão no plural, ou seja, as palavras que indicam mais de um ser.

c) Qual é a diferença entre as palavras que estão no singular e as palavras que estão no plural?

____

____

4 Dê o feminino destas palavras:

- idoso ________________
- aluno ________________
- médico ________________
- engenheiro ________________
- professor ________________

5. Complete e conclua:

- Na língua portuguesa, a maioria dos substantivos masculinos termina com ______ e a maioria dos substantivos femininos apresenta a terminação ______.

6. Dê o plural destas palavras:

- árvore ____________________
- carro ____________________
- âncora ____________________
- cientista ____________________
- táxi ____________________

7. Complete e conclua:

- Na língua portuguesa, a maioria dos substantivos forma o plural com o acréscimo da letra ______ no final.

8. Leia este poema, de Vinícius de Morais:

O elefantinho

Onde vais, elefantinho
Correndo pelo caminho
Assim tão desconsolado?
Andas perdido, bichinho
Espetaste o pé no espinho
Que sentes, pobre coitado?

— Estou com um medo danado
Encontrei um passarinho!

(*A arca de Noé*. São Paulo: Companhia das Letrinhas, 2004. p. 30.)

Roberto Weigand/Arquivo da editora

a) Qual é o feminino de **elefante**?

____

b) E de **elefantinho**?

____

9 Se o elefantinho fosse uma fêmea, como ficaria o poema? Complete-o e veja.

A ______________________________

Onde vais, ______________________
Correndo pelo caminho
Assim tão ______________________?
Andas ______________________, bichinho
Espetaste o pé no espinho
Que sentes, pobre ______________________?
— Estou com um medo danado
Encontrei um passarinho!

10 Compare as palavras a seguir:

ELEFANTE	→	ELEFANTINHO
BICHO	→	BICHINHO

Note que as palavras **elefantinho** e **bichinho** têm a terminação igual.

a) Qual é a terminação?

____

b) Que sentido essa terminação tem?

____

____

____

11 Caso o poeta quisesse destacar o tamanho grande de **elefante** e **bicho**, como ele diria? Que terminação ele deveria acrescentar?

____

Na língua portuguesa, os nomes podem se apresentar no diminutivo e no aumentativo. O diminutivo geralmente se forma com o acréscimo de **-inho** ou **-zinho**. O aumentativo geralmente se forma com o acréscimo de **-ão** ou **-zão**.

12 No poema "O elefantinho", há outra palavra que está no diminutivo. Qual é ela?

____

13 Dê o aumentativo do substantivo **pé**. ______________________

14 A maioria dos substantivos forma o feminino com a terminação **-a**, mas há alguns que formam o feminino de modo diferente. Circule o feminino dos bichos:

boi fêmea
vaca
touro

cobra
cobra fêmea
cobra macho

ursa
urso fêmea
úrsula

girafa macho
girafa
girafa fêmea

Ilustrações: Ilustra Cartoon/Arquivo da editora

15 **Desafio**. Troque ideias com os colegas e, juntos, tentem descobrir o feminino dos substantivos correspondentes aos animais que aparecem abaixo.

Macho	Fêmea

Ilustrações: Roberto Weigand/Arquivo da editora

16 Passe para o singular o substantivo destacado e adapte o que for necessário:

Os **filhotes** do urso-cinzento nascem com meio quilo.

____

____

17 Passe para o plural o substantivo destacado e adapte o que for necessário:

Um **elefante** recém-nascido pesa cem quilos.

____

18 Na língua portuguesa, existem alguns substantivos que, mesmo estando no singular, dão ideia de um agrupamento de vários seres da mesma espécie. São chamados **coletivos**. Veja alguns exemplos:

Alexandre Matos/Arquivo da editora

penca: de bananas
buquê: de flores

a) Troque ideias com os colegas: Que outros coletivos vocês conhecem? Escrevam.

____

____

____

____

b) Observem as figuras e descubram o nome do coletivo. Vocês podem pesquisar na internet ou usar um dicionário.

remik44992/Shutterstock

Valentyn Volkov/Shutterstock

PannaPhoto/Shutterstock

DE OLHO NA LEITURA E NA ESCRITA: EMPREGO DE M E N ANTES DE OUTRAS CONSOANTES E EMPREGO DO TIL

Leia o poema a seguir, de Leo Cunha, com a ajuda do professor e dos colegas.

Confusão

Todo dia eu me atrapalho:
se existe dente de alho,
alho tem olho também?

Como será esse olho,
o olho que o alho tem?
Será olho amendoado?
Será olho de neném?
Será um olho de paspalho?
Parece o olho de alguém?
Será olho esbugalhado?
Ou assim eu embaralho
alhos, olhos e bugalhos?

Biry Sarkis/Arquivo da editora

(*Cantigamente*. 5. ed. Rio de Janeiro: Nova Fronteira, 2012.)

1. O poema se chama "Confusão".

a) Qual característica do alho gera a confusão?

___

b) Qual é a principal dúvida de quem fala no poema?

___

2. Como ele imagina que pode ser o olho do alho? Associe as imagens às descrições:

olhos de neném

olhos esbugalhados

olhos amendoados

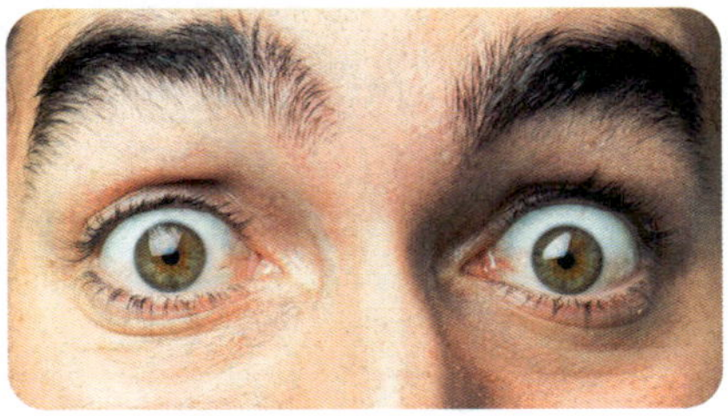

Kues/Shutterstock

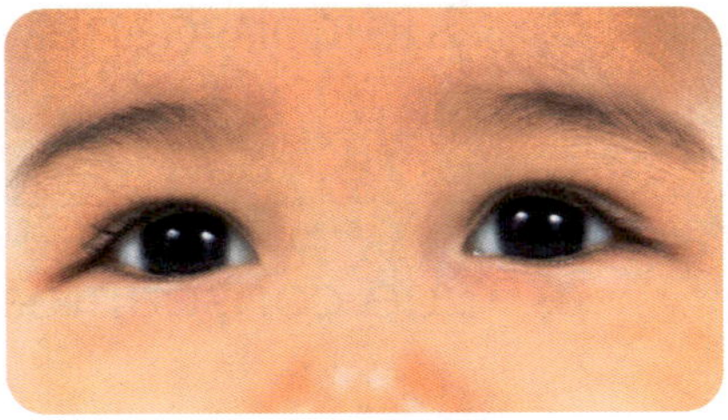

Zdenka Darula/Shutterstock

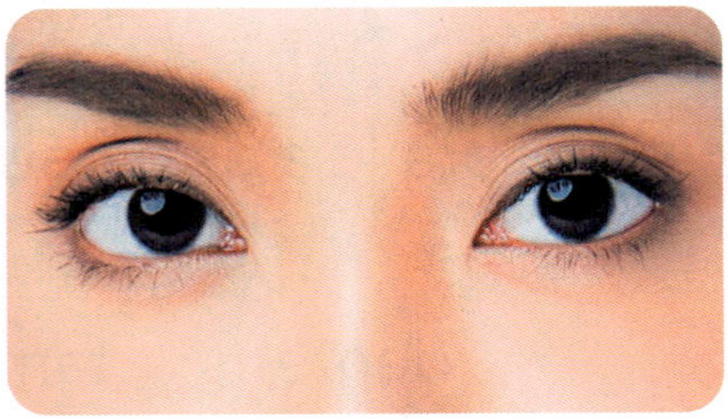

Ajintai/Shutterstock

3. Observe a grafia destas palavras:

CONFUSÃO DENTE AMENDOADO
TAMBÉM EMBARALHO

a) Quais consoantes aparecem depois da letra **N**? Escreva: ___

b) Qual consoante aparece depois da letra **M**? Escreva: ___

4 Observe estas outras palavras:

Roberto Weigand/ Arquivo da editora

bambu	lâmpada	pensar
enjoo	pomba	quente
informática	enlatar	tempo
andar	pingo	cantar

a) Que consoantes vêm depois da letra **m**? Escreva:

___

b) Que consoantes vêm depois da letra **n**? Escreva:

___

5 Agora leia as palavras em voz alta:

dente	também	tem	embaralho	confusão
dete	tabem	te	ebaralho	cofusão

a) Há diferença no som das vogais quando empregamos ou não empregamos **m** ou **n**?

___

b) Releia em voz alta as palavras e perceba como sai o som: mais pela boca ou um pouco pelo nariz. Troque ideias com os colegas e responda oralmente: Qual é a diferença?

6 Troque ideias com os colegas e o professor a respeito do emprego das letras **m** e **n** antes de consoantes. Depois, como conclusão sobre o emprego dessas letras, complete:

Para indicar que uma vogal é nasal, empregamos:

- a letra **m** antes das consoantes ____________________
- a letra **n** antes de ____________________

Leia, com o auxílio do professor e dos colegas, este poema:

Biografia

Entre o olhar suspeitoso da tia
E o olhar confiante do cão
O menino inventava poesia...

(Mário Quintana. *In*: Adriana Calcanhoto (org.). *Antologia ilustrada da poesia brasileira para crianças de qualquer idade*. Rio de Janeiro: Edições de Janeiro, 2014. p. 55.)

Filipe Rocha/Arquivo da editora

7 Que palavras do poema apresentam a letra **m** ou a letra **n** antes de consoante?

a) Escreva-as:

b) A letra **m** ou **n** foi empregada para indicar que a vogal anterior é nasal. Circule, nessas palavras, a vogal que vem antes da letra **m** ou **n**.

8 Na língua portuguesa, existe outro meio de indicar que uma vogal é nasal: empregando o til (~). Que palavra do poema apresenta til?

9 Pronuncie em voz alta e compare estas duas palavras:

CÃO CAO

Conclua: Qual é o papel do til, quando posto sobre as vogais?

____

____

Til é um sinal gráfico que indica que a vogal é nasal. Na língua portuguesa, o til pode acompanhar apenas as vogais **a** e **o**.

Veja estes exemplos:

- **ã:** lã, anã, fã
- **ãe:** mãe, pães, cães
- **ãi:** cãibra
- **ão:** mão, avião, caminhão
- **õe:** aviões, caminhões, campeões

10 Leia o texto a seguir. Depois, complete com as letras que faltam.

Frustraç_____

Outono: essas folhas que to____bam na água parada dos ta____ques e n____ podem sair viaja____do pelas corre____tezas do mu____do...

(Mário Quintana. *Caderno H [recurso eletrônico]*. Rio de Janeiro: Objetiva, 2013. p. 80.)

BRINCANDO COM PALAVRAS

1 Encontre, no diagrama, as palavras femininas correspondentes a:

girafa macho | carneiro | cachorro | pato | boi

O	W	O	L	C	E	H	G	S	R	R	S
U	R	S	O	M	O	S	I	R	I	M	W
S	O	L	T	S	C	N	R	E	A	P	E
I	V	S	A	V	A	C	A	N	H	D	T
L	E	F	T	T	D	E	F	A	D	W	S
T	L	T	E	H	E	R	A	A	R	D	F
T	H	L	N	I	L	O	F	T	M	A	H
O	A	P	A	T	A	E	Ê	O	I	R	I
E	A	T	H	P	I	O	M	R	R	S	E
T	R	A	H	I	D	P	E	O	I	L	O
I	E	H	P	R	G	U	A	R	O	T	N
S	H	T	D	O	R	I	P	F	K	L	E

2 Tente responder a estas adivinhas:

- O que é, o que é? O que é que está na ponta final do fim, no início do meio e no meio do começo?
- O que é, o que é? Mesmo atravessando o rio não se molha.
- O que é, o que é? Um tigre que se parece com um velho.
- O que é, o que é? Enche uma casa, mas não enche uma mão.

Ilustra Cartoon/Arquivo da editora

3 **Jogo do til**. De quantas palavras com til você se lembra? Vamos brincar.

- Dividam-se em grupos de 3 ou 4 alunos.
- A cada rodada, todos os grupos devem falar uma palavra com til.
- Cada grupo têm 30 segundos para responder.
- O grupo que não responder ou responder errado sai da rodada e volta na próxima.

4 Escute a leitura que o professor vai fazer e complete a letra da canção que costuma acompanhar a brincadeira de pular corda. Depois, brinque com os colegas e cante-a.

Suco ________________

Suco ________________

Cabelo ________________

Qual é a letra do seu ________________
A, B, C...

(Da tradição popular.)

Roberto Weigand/Arquivo da editora

DE OLHO NA ORALIDADE: OUVINDO UM *PODCAST*

Que tal saber mais coisas interessantes? Vamos ouvir um *podcast* de ciências. Junte-se a dois ou três colegas e selecionem um episódio sobre ciências para ouvir.

Vejam algumas dicas para encontrar um *podcast* do interesse de vocês.

- **SciKids**. Nesse *podcast*, crianças fazem perguntas e cientistas, que entendem do assunto, respondem. Acessem em aplicativo de música ou *podcast* ou no *site* https://www.deviante.com.br/podcasts/scikids/.

- **Sociologia para crianças**. Uma mãe pesquisadora conversa com a filha dela e responde a perguntas como "O que é política?", "O que é desigualdade?", entre outras. Acessem em aplicativo de música ou *podcast*.

Roberto Weigand/Arquivo da editora

- **Histórias de ninar para pequenos cientistas**. Cada episódio é um conto com conceitos, histórias, teorias e acontecimentos das ciências. Há episódios sobre o corpo humano, a vacina e sobre alguns cientistas importantes. Acessem em aplicativo de música ou *podcast* ou no *site* https://minasfazciencia.com.br/podcasts/historias-de-ninar-para-pequenos-cientistas/.

Façam anotações durante a escuta. Lembrem-se de anotar qual *podcast* vocês escolheram e o título do episódio. Anotem também:

- Quem participa? Com que essa(s) pessoa(s) trabalha(m)?
- Sobre o que a(s) pessoa(s) fala(m)?
- O que já sabíamos?
- O que descobrimos?
- Do que mais gostamos?

Escutem mais de uma vez, se necessário.

Depois de escutarem o *podcast*, organizem-se para contar para a turma o que você aprenderam. Retomem suas anotações. Um membro do grupo pode fazer a apresentação ou vocês podem dividi-la para que todos contem um pouco sobre o episódio escutado.

Gravem as apresentações em vídeo ou em áudio para apresentar na feira de ciências, ao final da unidade.

PRODUÇÃO DE TEXTO

O VERBETE DE CURIOSIDADE (II)

Você leu textos e assistiu a um vídeo nos quais são explicados temas relacionados à nossa saúde. Também selecionou e ouviu *podcasts* científicos. A ciência explica muitas coisas, de temas sobre nossa saúde a assuntos sobre a natureza, tecnologias inventadas pelo homem, línguas faladas por diferentes povos ou como viveram nossos antepassados.

Junte-se a alguns colegas e vejam, a seguir, as propostas de produção de verbetes de curiosidade para compor a feira de ciências que vocês vão organizar ao final desta unidade.

1. Transformem as informações aprendidas sobre **vacinas** e **anticorpos** em um verbete de curiosidade. Ele fará parte do painel **Pequenos cientistas, grandes descobertas**, que a turma vai montar no final da unidade. Seguindo a orientação do professor e as instruções que serão dadas, produzam o verbete.

2. Escolham outros temas sobre os quais vocês querem saber mais e produzam verbetes de curiosidade. Podem escolher um entre os sugeridos a seguir ou escolher outros do interesse do grupo.

Roberto Weigand/Arquivo da editora

- Quem inventou o computador?
- Por que as vacas mastigam sem parar?
- Por que os sapos coaxam?
- Por que as lagartixas perdem o rabo?
- Por que algumas aves formam um V ao voar em bando?
- Por que os cabelos das pessoas ficam brancos?
- Por que o ouvido produz cera?
- Por que temos febre?
- Por que o girassol se movimenta com a luz do Sol?

PLANEJAMENTO DO TEXTO

- Reúnam as informações que vocês já sabem sobre o tema selecionado.
- Pesquisem mais esse tema. Peçam ao(à) bibliotecário(a) da escola livros, revistas ou enciclopédia em que possa haver informações sobre o tema escolhido. Vejam também as sugestões de livros e *sites* que estão na seção **Divirta-se... e fique por dentro!** desta unidade, nas páginas 162 e 163.
- Tomem notas. Anotem no caderno as informações mais importantes que vocês encontrarem sobre o assunto. Depois, façam uma discussão e selecionem as informações que entrarão no verbete.
- Pensem em um título para o verbete de curiosidade. Pode ser uma pergunta iniciada com "Por que...?" ou com "Você sabia que...?".

- Escrevam o texto pensando nos leitores: crianças como vocês, familiares e amigos. O texto será afixado no painel que vocês vão montar com os colegas da turma.
- Façam um texto curto, apresentando as principais informações sobre o tema pesquisado.
- A linguagem deve ser clara e caprichada, como a utilizada em enciclopédias, livros e revistas.
- Procurem imagens ou façam desenhos para ilustrar o verbete.

REVISÃO E REESCRITA

Releiam o verbete elaborado, observando:

- O texto apresenta um título atraente?
- O título já anuncia o tema pesquisado?
- O texto é curto?
- As explicações do texto respondem à pergunta apresentada no título?
- A linguagem está clara e caprichada, parecida com a de livros e revistas?
- Modifiquem o que for necessário, passem o texto a limpo e ilustrem-no com desenhos ou as imagens pesquisadas.

Deem uma versão final aos verbetes e às ilustrações, fazendo uso de computador e de um programa de edição de textos. Se necessário, peçam ajuda ao professor de Informática da escola ou a um adulto.

Guardem o verbete de curiosidade para expor no painel **Pequenos cientistas, grandes descobertas**, que a turma vai montar no final da unidade.

DIVIRTA-SE

Experimento da areia movediça

Faça em casa a própria areia movediça!

Material

- 1 recipiente de plástico grande
- 1 caixa de amido de milho (500 g)
- 2 copos de água
- algumas folhas de jornal

Como fazer

Forre com o jornal o local em que você vai realizar a experiência. Coloque todo o amido de milho em um recipiente de plástico e adicione 2 copos (tamanho médio) cheios de água. Misture com as mãos (durante 3 a 5 minutos) até a massa ficar uniforme. Depois, veja o que acontece com a mistura. Mexa em sua areia movediça, afunde sua mão, seus pés, tente fazer objetos com ela.

Ilustra Cartoon/Arquivo da editora

OFICINA DE CRIAÇÃO

PROJETO: PEQUENOS CIENTISTAS, GRANDES DESCOBERTAS

Nesta unidade, você e os colegas descobriram muitas coisas interessantes sobre diferentes temas: animais, plantas, vacinas e anticorpos. Além disso, entrevistaram especialistas e pesquisaram muitos outros temas curiosos. Que tal dividir todo esse conhecimento? Com a orientação do professor, prepare-se para participar da organização de uma feira de ciências.

Jean Galvão/ Arquivo da editora

1. CONVIDANDO O PÚBLICO

Convidem outras turmas, professores, funcionários da escola e as famílias para a feira de ciências. Vocês podem optar por:

- produzir convites individuais e distribuí-los aos convidados alguns dias antes da feira;
- produzir cartazes a serem afixados em diferentes pontos da escola, convidando todos para o evento;
- gravar um convite oral ou em vídeo para compartilhar por aplicativo de mensagem ou por outros canais digitais da escola.

Jean Galvão/Arquivo da editora

Em todos os casos, o convite deve ter: nome, local, data e horário do evento. E não se esqueçam de que, no convite, vocês devem despertar a vontade das pessoas de conhecer os trabalhos da turma.

2. REUNINDO VERBETES E MONTANDO O PAINEL

Reúnam todos os verbetes que vocês produziram no segundo e no terceiro capítulo. Vejam se eles estão em condição de ser divulgados ou se precisam ser revisados mais uma vez e passados a limpo.

Imprimam ou copiem os textos dos verbetes e as ilustrações em tamanho adequado para serem lidos a distância no painel.

Preparem o painel, forrando-o com um papel que dê maior destaque aos textos. Na parte superior, escrevam em letras graúdas o título **Pequenos cientistas, grandes descobertas** ou outro que a turma escolher. Afixem o painel no local da feira de ciências.

3. EXPONDO OS RELATOS DE EXPERIÊNCIA

Retomem os relatos de observação da experiência com o feijão. Vocês podem expor os cadernos em que os registros foram feitos e, caso tenham produzido cartazes, podem escrever um título e afixá-los nas paredes do local da feira.

Mauricio Graiki/Shutterstock

4. REPRODUÇÃO DE VÍDEOS E ÁUDIOS

Ao longo dos capítulos, vocês gravaram um relato de observação de experiência, fizeram uma entrevista com um cientista e uma apresentação oral sobre a escuta de um *podcast* de ciências.

Agora, vocês devem preparar um espaço para a reprodução dos vídeos e dos áudios. Pode ser um computador, um telão ou mesmo um celular para que o público possa conhecer os trabalhos da turma. Vocês também podem organizar uma "sala audiovisual", onde será possível mostrar todo o material produzido aos visitantes. Caso as entrevistas tenham sido feitas por escrito, montem um mural para expor os textos.

Jean Galvão/Arquivo da editora

UNIDADE 4

LÁ VÊM HISTÓRIAS!

Quem não gosta de ouvir e contar histórias? As histórias fazem parte da nossa vida. Com elas, viajamos para tempos e lugares distantes. Com elas, sonhamos, nos emocionamos e aprendemos muitas coisas... Nesta unidade, você vai conhecer histórias incríveis de povos distantes, habitantes da Europa e da África, e histórias indígenas, dos povos que foram os primeiros habitantes da América e do Brasil.

[...]
Se você fosse rei ou rainha
Fazia uma lei proibindo
Criança grande ou pequena
De brincar triste e sozinha?

Se você fosse bicho papão
Vivia dentro de um armário
Vestia, de noite, um pijama
Pra dormir embaixo do colchão?

Se você morasse
No reino da imaginação
Inventava histórias maravilhosas
Criava brincadeiras,
Voava em tapetes,
No outono, no inverno,
Na primavera e no verão?

Jean Galvão/Arquivo da editora

(Fernanda Sander. Se você fosse encantado. *In*: *Ideia passarinha: poesia (in)completa para crianças*. São José dos Campos, SP: Fernanda Sander Canabrava Bincoleto, 2019. p. 125-126.)

DIVIRTA-SE... E FIQUE POR DENTRO!

FILMES E VÍDEOS

Reprodução/Estúdio Panorâmica

- Assista ao filme *Cinderela pop*, do Estúdio Panorâmica.
  Conheça Cíntia Dorella, uma garota romântica que deixa de acreditar no amor quando os pais se separam. Trabalhando como DJ e ao lado de Freddy, um cantor de sucesso e príncipe encantado dos dias atuais, ela vive uma história de amor, enfrentando, como a princesa do famoso conto, a maldade de sua madrasta e das filhas dela.
- Assista também aos filmes *Espelho, espelho meu*, do Estúdio Relativity Media; *A Bela e a Fera*, de Bill Condon; e *Enrolados*, *A princesa e o sapo* e a trilogia *Shrek*, dos Estúdios Disney.
- Na internet, busque pelo programa *Lá vem a história* e assista à contação de diversas histórias no *site* da TV Cultura: https://tvcultura.com.br/busca/?q=la+vem+a+hist%C3%B3ria. Você também pode assistir à leitura de diversos contos clássicos no *site* http://contosdefadascomagigi.com.

SITES

- Conheça os contos dos irmãos Grimm em: www.grimmstories.com/pt/grimm_contos/index.
- Ouça histórias infantis de todos os tipos nos *podcasts Era uma vez um podcast*, em https://eraumavezumpodcast.com.br/, e *O pequeno leitor*, em https://www.olapodcasts.com/channels/opequenoleitor.
- Leia diversos contos infantis em http://www.qdivertido.com.br/contos.php e conheça contos de diversas culturas em https://www.augustopessoa.com/contospopulares.

LIVROS

Reprodução/Editora Girassol

Vá a biblioteca da escola ou à biblioteca do bairro ou da cidade onde você mora e veja se os livros indicados a seguir estão disponíveis para empréstimo. Se não estiverem, selecione outros sobre o tema desta unidade.

- Leia os livros *Princesas e contos de fadas* e *Contos de Andersen, Grimm e Perrault* (Editora Mauricio de Sousa/Girassol), ambos com personagens da Turma da Mônica.
- Leia também: *Contos de Grimm*, volumes 1 e 2, com textos de Maria Heloisa Penteado (Ática); *Capulana — Um pano estampado de histórias*, de Heloísa Pires Lima e Mário Lemos (Scipione); *Meu pai Ag'wã*, de Yaguarê Yamã (Scipione); *Contos de Moçambique*, coleção publicada pela Editora Kapulana.

Reprodução/Editora Scipione

MÚSICAS

Reprodução/Universal Music

- Ouça as histórias dos CDs *Coleção Disquinho 2005*, volumes 1 e 2 (Warner Music), *Pedro e o Lobo*, contada por Rita Lee (EMI Music), e *Branca de Neve e os sete anões* (Universal Music).
- Ouça também *Os saltimbancos*, peça musical com tradução e adaptação de Chico Buarque (Philips); as canções "João e Maria", de Chico Buarque; e "Assim assado", do grupo Palavra Cantada em parceria com a escritora Eva Furnari.

OFICINA DE CRIAÇÃO

PROJETO: QUEM CONTA UM CONTO AUMENTA UM PONTO

Participe, com os colegas, da produção de um livro de contos e da organização de um evento de lançamento para o livro de vocês!

Giz de Cera/Arquivo da editora

CAPÍTULO 1

QUEM CONTA UM CONTO...

LEITURA DE IMAGEM

Observe esta capa de livro:

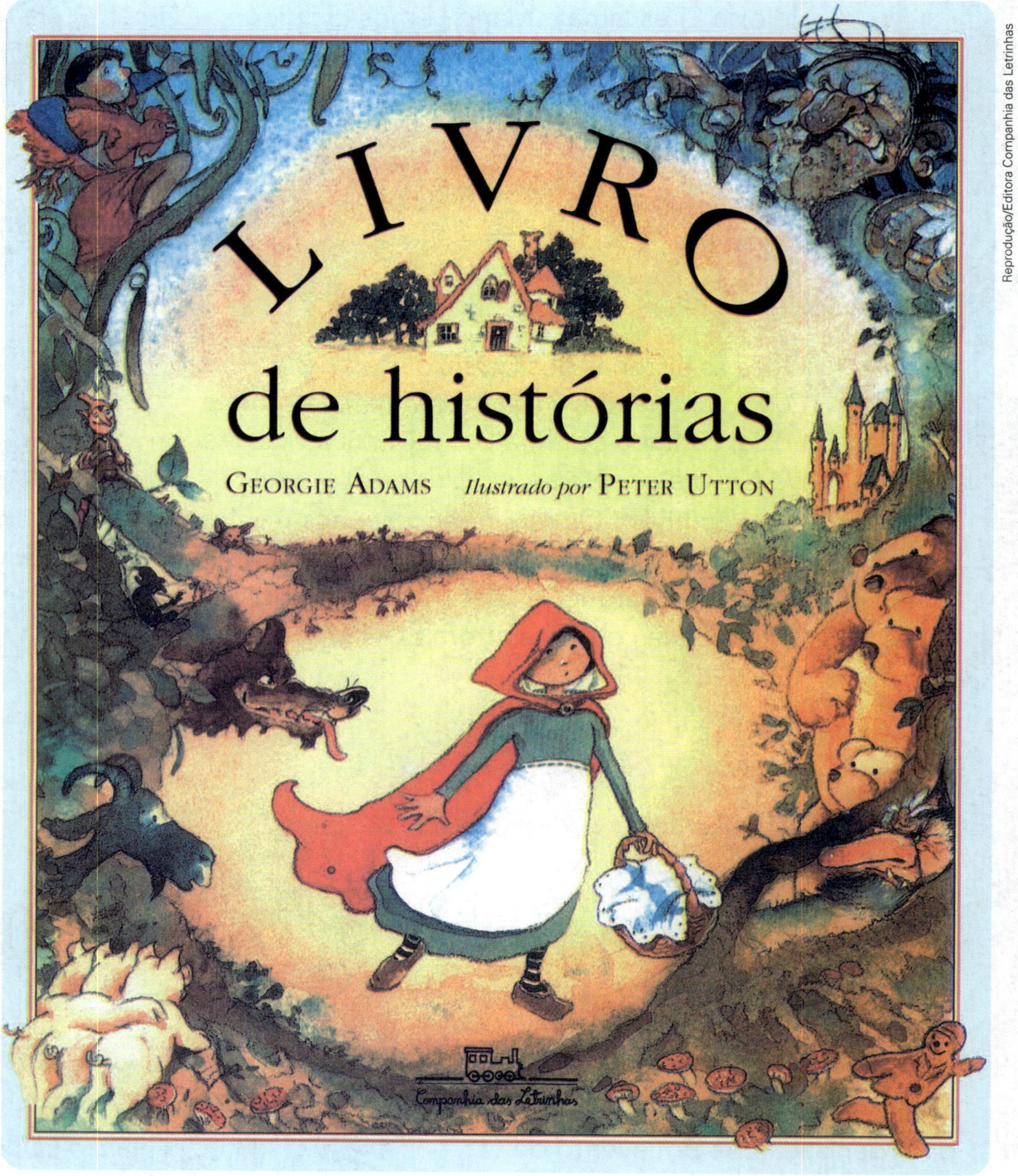

(Disponível em: https://www.companhiadasletras.com.br/detalhe.php?codigo=40367. Acesso em: 12/2/2021.)

1 Leia a parte escrita da capa e responda:

a) Qual é o título do livro?

____

b) Qual é o nome do autor do livro?

____

c) Quem ilustrou esse livro?

____

2 Ligue cada nome de editora a seguir ao tipo de letra com que ele é escrito. Depois, faça um X na editora do livro que você viu na página anterior.

Reprodução/Editora Melhoramentos

MELHORAMENTOS

Reprodução/Editora Companhia das Letrinhas

Companhia das Letrinhas

Reprodução/Editora Saraiva

Saraiva

letra cursiva

letra de imprensa

letra de fôrma maiúscula

3 Troque ideias com os colegas e o professor e responda oralmente: Que tipos de história você acha que são contados nesse livro?

4 Quais histórias correspondem às imagens a seguir? Escreva:

5 Há nesse livro histórias muito conhecidas e histórias menos conhecidas. Ligue os desenhos às histórias correspondentes:

Os três bodes da montanha

O homem bolo

Cachinhos dourados e os três ursos

João e o pé de feijão

6 Você já leu ou ouviu todas as histórias apresentadas na questão anterior? Conte para os colegas quais você conhece e quais não conhece.

7 Uma das histórias contadas nesse livro é "João e o pé de feijão".

a) Você conhece essa história? Converse sobre ela com os colegas e o professor.

b) Circule abaixo os personagens que fazem parte dessa história.

Vaca Vovozinha

Lobo Gigante Ursos

c) Agora, identifique, entre os desenhos da capa a seguir, qual retrata a história "João e o pé de feijão". Marque com um X.

d) Qual parte da história corresponde à imagem que você marcou? Responda oralmente.

e) Responda oralmente: Você ficou com vontade de ler esse livro? Por quê?

f) Escolha uma história que você conheça desse livro e faça um desenho diferente do que está na capa para ilustrá-la.

DE OLHO NA ORALIDADE: CONTAÇÃO DE HISTÓRIA

Vamos contar histórias oralmente? Escolha uma história que você já conhece e de que goste muito. Pode ser uma que esteja no livro da seção anterior ou outra história.

Siga as orientações do professor e junte-se aos colegas que escolheram a mesma história que você. Busquem na biblioteca da escola um livro que contém a história escolhida. Leiam a história em grupo, anotando alguns dos pontos principais dela:

- Onde a história se passa?
- Quem são os personagens e suas principais características?
- Quais são os fatos mais importantes e a sequência deles na história?

Com esses tópicos anotados, definam uma ordem para que cada componente do grupo conte a história, nessa primeira vez apenas entre vocês mesmos.

Giz de Cera/Arquivo da editora

ENSAIO

Vejam algumas dicas para contar a história de forma que prenda a atenção dos espectadores:

- Falem pausadamente e pronunciem as palavras em um tom de voz audível e claro.
- Mudem o tom de voz de acordo com o andamento da história: mais suave em momentos tranquilos, mais rápido e forte em um momento de suspense, mais alto em uma cena de medo ou susto.
- Mudem a voz ao reproduzir a fala dos personagens.
- Combinem com os colegas de grupo para que eles reproduzam alguns sons do ambiente da história, por exemplo: mexer um papel ou um plástico para fazer o barulho de chuva ou tempestade, bater com as mãos nas pernas ou na carteira para imitar o trote de um cavalo, assobiar para imitar o canto dos pássaros, etc.

Enquanto o orador conta a história apenas para o grupo no primeiro ensaio, os demais integrantes devem prestar atenção e anotar se ele esqueceu alguma parte ou se pode melhorar em algum aspecto.

No ensaio, todos devem contar a história inteira. Para apresentar a contação à turma, dividam a história em partes e combinem quem vai contar cada uma delas: marquem bem onde cada membro do grupo para e outro começa a contar a história.

APRESENTAÇÃO

Agora é o momento de contar para a turma a história escolhida! Se for possível, gravem em áudio ou em vídeo e ouçam a contação do grupo ou assistam à gravação, observando os aspectos da apresentação que podem ser melhorados.

Vocês também podem contar, cada um, a história inteira em casa, aos seus familiares. E, claro, apresentar a contação ensaiada no lançamento do livro de contos, ao final desta unidade.

REFLEXÃO SOBRE A LINGUAGEM

DE OLHO NA LEITURA E NA ESCRITA: EMPREGO DAS LETRAS O/U E E/I NO FINAL DE PALAVRAS

1 Releia em voz alta o título do livro que você estudou no começo deste capítulo:

Reprodução/Editora Companhia das Letrinhas

Agora, pronuncie rapidamente esse título, como se você fosse falar dele em uma conversa do dia a dia. Observe como você pronunciou as seguintes letras:

O na palavra **livro**
E na palavra **de**

Agora, responda:

a) A letra **O** foi pronunciada com som de **O** ou som de **U**?

____

b) A letra **E** foi pronunciada com som de **E** ou som de **I**?

____

2 Leia estas trovinhas:

Alecrim da beira d'água não se corta com machado, se corta com canivete do bolso do namorado.

Dentro do meu peito eu tenho duas espinhas de peixe: uma pede que eu te ame; outra pede que eu te deixe.

(Da tradição oral popular.)

Pronuncie em voz alta estas palavras:

MACHADO CANIVETE NAMORADO

TENHO PEIXE AME DEIXE

a) A letra **O** do final das palavras **machado**, **namorado** e **tenho** tem som de **O** ou som de **U**?

____

b) A letra **E** das palavras **canivete**, **peixe** e **ame** tem som de **E** ou som de **I**?

____

3 Repare no som destas palavras:

PÉ AVÔ

a) A letra **E** de **pé** tem som de **E** ou som de **I**?

____

b) E a letra **O** de **avô**?

____

c) Responda oralmente: Por que isso acontece?

4 Sobre o som das letras **E** e **O** no final de palavras, conclua:

- Quando as letras **E** e **O** estão na última sílaba de uma palavra e essa sílaba é fraca, a letra **E** pode ter o som de _____ e a letra **O** pode ter o som de _____.

5 Escreva as palavras que correspondem às figuras a seguir e, depois, leia-as em voz alta.

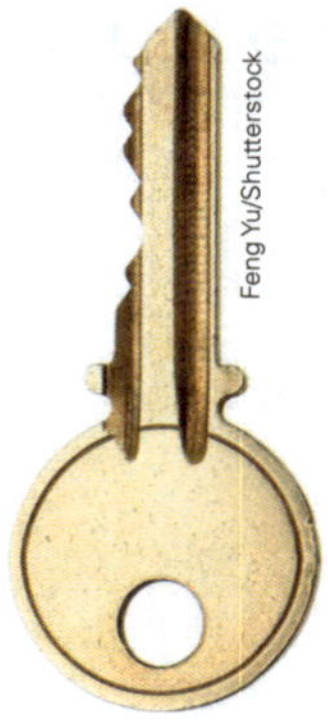
Feng Yu/Shutterstock

Thinkstock/Getty Images

Harun Ozmen/Shutterstock

Thinkstock/Getty Images

Thinkstock/Getty Images

Thinkstock/Getty Images

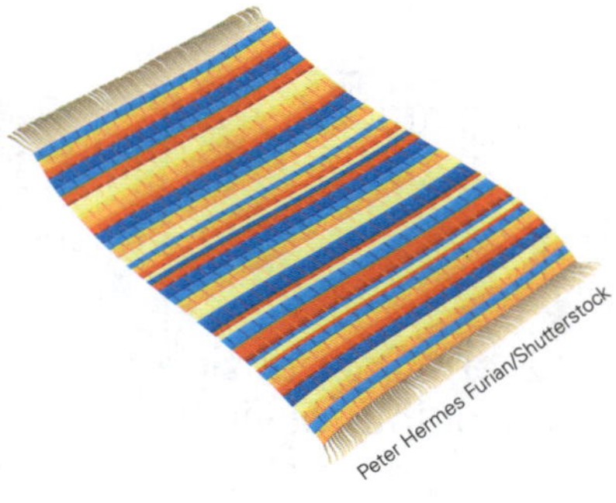
Peter Hermes Furian/Shutterstock

BRINCANDO COM PALAVRAS

1 Resolva a cruzadinha a seguir e descubra alguns personagens de contos famosos. Será que você conhece todos eles? Conte para os colegas.

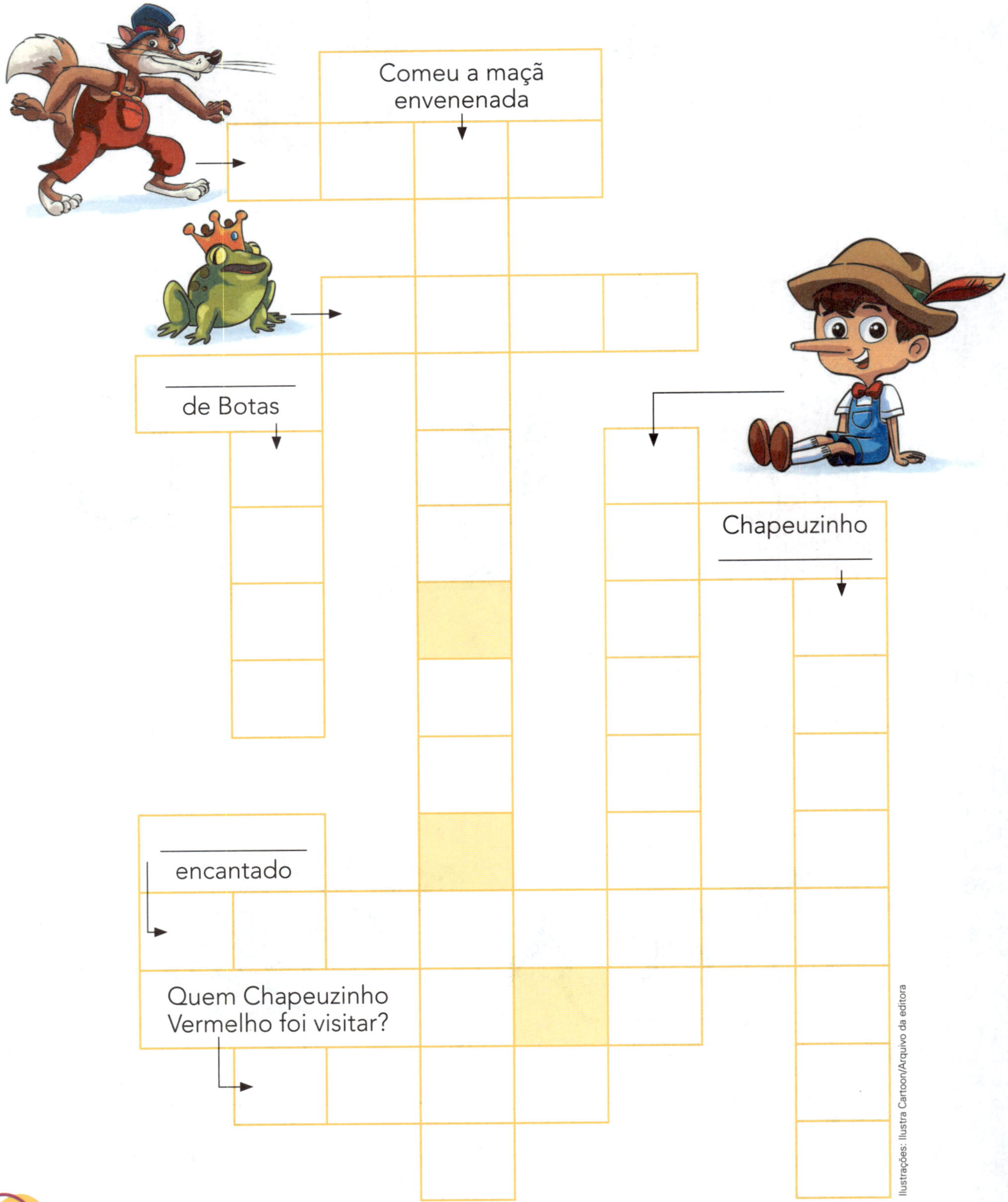

Ilustrações: Ilustra Cartoon/Arquivo da editora

2 Tente resolver as adivinhas abaixo e escreva as respostas.

a) O que é, o que é,
Que no masculino é riqueza
E no feminino corta?

____

b) O que é, o que é,
Que todo o mundo consegue abrir,
Mas ninguém consegue fechar?

____

Ilustra Cartoon/Arquivo da editora

c) O que é, o que é,
Que nasce verde,
Cresce vermelho
E morre preto?

____

3 Ouça a parlenda que o professor vai apresentar para a turma e complete com as palavras que faltam. Fique atento à letra com que cada palavra termina.

__________ é ______________
Pede ______________
Cachimbo é de __________
__________ no __________
__________ é ______________
Bate na __________
A gente é __________
__________ no __________
Buraco é __________
Acabou-se o __________.

(Da tradição popular.)

David Martins/Arquivo da editora

PRODUÇÃO DE TEXTO

DESENHO

Você já sabe que, ao final desta unidade, vai produzir e organizar o lançamento de um livro de contos da turma. Ao longo deste capítulo, entre outras atividades, você leu a capa de um livro e conversou com os colegas sobre suas histórias e personagens favoritos. Na leitura de imagem, você viu que é possível reconhecer algumas histórias apenas pelo desenho que as representa.

Agora você vai fazer um desenho imaginando que ele poderia ser usado como capa ou parte da capa de um livro que conta a sua história favorita. Ele fará parte de uma exposição de desenhos no dia do lançamento do livro ou poderá compor a capa do livro de contos que vocês vão organizar.

Jean Galvão/Arquivo da editora

PLANEJAMENTO DO DESENHO

Para fazer o seu desenho, siga estas orientações:

- Decida qual história você vai ilustrar.
- Lembre uma cena importante, mas cuidado para, com seu desenho, não revelar o final da história ou um segredo importante que o leitor deve ficar sabendo só quando conhecer a história toda.

- Faça um rascunho do desenho em tamanho menor, planejando a distribuição dos elementos no espaço da folha: cenário, personagens, objetos, etc.
- Desenhe o contorno com lápis de escrever com um traço leve para ficar fácil de apagar caso seja necessário refazer algum pedaço.

REVISÃO DO DESENHO

Antes de finalizar o desenho, verifique:

- A história que você escolheu está bem-caracterizada no desenho?
- A cena que você retratou não revela o final da história ou um segredo importante?
- Os traços estão nítidos e caprichados?

Depois disso, contorne os traços feitos a lápis com canetinha e pinte o desenho bem bonito com giz de cera ou lápis colorido.

DIVIRTA-SE

Alpino/Acervo do cartunista

(Disponível em: https://br.pinterest.com/pin/510314201523907919/. Acesso em: 14/12/2020.)

- Mãe, pode parar... Procurei aqui e não existem relatos ou evidências de um lobo engolindo uma pessoa...

CAPÍTULO 2

HISTÓRIAS DE TODOS OS TEMPOS

LEITURA

Quem não conhece a história do Patinho Feio ou da Chapeuzinho Vermelho? Contos maravilhosos como esses são textos que fizeram parte da infância de muitas crianças, em várias partes do mundo.

Na Europa, eles foram transmitidos oralmente, de geração em geração, durante muito tempo. Até que dois irmãos alemães, Jacob e Wilhelm Grimm, resolveram recolher, escrever e publicar essas histórias.

Leia, com a ajuda do professor e dos colegas, um dos contos mais conhecidos entre os reunidos pelos irmãos Grimm.

Cinderela

Era uma vez um rico comerciante, viúvo, que vivia sozinho com a filha, uma linda e bondosa menina.

Depois de certo tempo, o comerciante resolveu casar novamente, na esperança de dar à menina uma segunda mãe.

Casou-se com uma mulher também viúva. Ela tinha duas filhas, era elegante e bonita, mas se mostrava boa só na presença do novo marido.

Ilustra Cartoon/Arquivo da editora

As filhas eram feias e más e sentiam muita inveja da menina. Fingiam-se amigas dela apenas diante do padrasto, imitando a mãe.

Certa vez, o pai precisou fazer uma longa viagem. Perguntou às três meninas que presentes queriam. As duas **enteadas** pediram belos vestidos e joias, e a menina pediu que ele trouxesse um ramo da primeira árvore que, na volta, lhe tocasse o chapéu.

Mal o pai saiu de casa, a madrasta e as filhas puseram-se a maltratar a menina. Tomaram-lhe as roupas bonitas, deram-lhe trapos para vestir e exigiram que dali em diante ela fizesse sozinha todo o serviço da casa. A maior parte do tempo, a menina ficava ocupada em cozinhar e dormia na cozinha para não passar frio. Como o fogão era a lenha, ela vivia suja de cinzas e, por isso, a madrasta e as filhas passaram a chamá-la de Cinderela.

Na volta do pai, recebeu dele um galho de aveleira e resolveu plantá-la ao lado do túmulo da mãe. Chorou tanto, tanto, de saudade da mãe, que as lágrimas regaram a muda da planta.

Um pouco depois, o pai morreu e Cinderela ficou inteiramente entregue às maldades da madrasta e das irmãs. Foi obrigada a continuar fazendo todo o serviço da casa e mal tinha o direito de se alimentar. Ainda assim, manteve o bom coração e tornou-se uma jovem de grande beleza e muito querida dos pequenos animais da floresta.

Um dia, foi anunciado no reino que o rei daria um grande baile no castelo. Todas as moças deveriam comparecer ao evento, pois o filho do rei, um jovem e belo príncipe, escolheria entre elas aquela com quem se casaria.

Cinderela queria muito ir ao baile, mas a madrasta não permitiu. Disse que ela era maltrapilha e envergonharia a família com sua presença.

Depois de ter passado horas arrumando as malvadas irmãs para o evento e vê-las partir na carruagem junto a madrasta, Cinderela foi até o túmulo da mãe e pôs-se a chorar embaixo da **aveleira**.

aveleira: é a árvore que dá avelã; conhecida também como avelaneira.
enteado: filho de uma união anterior com relação ao cônjuge do pai ou da mãe.

De repente, um pássaro branco lançou-lhe do alto da árvore um magnífico vestido, enfeitado de ouro e prata, e sapatinhos de cristal.

Ilustra Cartoon/Arquivo da editora

No baile, todos pensaram que Cinderela fosse uma princesa estrangeira, tão linda estava. E o príncipe, ao vê-la, veio ao seu encontro, pegou-a pela mão e dançou o tempo todo somente com ela.

À meia-noite, com receio de que as irmãs e a madrasta a reconhecessem, Cinderela aproveitou um descuido do príncipe e foi embora. Na pressa, ao descer a escadaria do palácio, deixou escapar o sapato do pé esquerdo. O príncipe, que corria atrás da jovem e em vão tentava avistá-la, apanhou o sapatinho de cristal.

— Só me casarei com a dona do pé que couber neste sapato — disse ao pai.

No dia seguinte, os criados percorreram todas as casas do reino, experimentando o sapatinho em cada uma das jovens. Na casa de Cinderela, a madrasta só chamou as filhas. Em uma delas, o dedão não entrou no sapatinho; na outra, foi o calcanhar.

Os criados já se retiravam quando Cinderela apareceu na sala e, apesar dos protestos da madrasta, insistiram em experimentar nela o sapatinho. A madrasta e as duas filhas não queriam acreditar quando viram o sapatinho entrar no pé de Cinderela, sem dificuldade alguma.

O príncipe, informado do ocorrido, foi imediatamente buscar Cinderela, montado em seu cavalo branco. Levou-a para o castelo e, dias depois, casaram-se em uma grande festa. E foram felizes para sempre.

(Recontado por Célia Tavares.)

OS SENTIDOS DO TEXTO

1 Quem é a personagem principal da história? Escreva o nome dela.

____

2 Responda oralmente:

a) A partir de que momento a vida da personagem principal da história mudou para pior?

b) Como Cinderela era tratada pela madrasta e pelas duas filhas dela?

3 Pinte de azul os quadradinhos ao lado das características de Cinderela e de vermelho os quadradinhos ao lado das características das filhas da madrasta.

☐ "eram feias e más"

☐ "uma linda e bondosa menina"

☐ "sentiam muita inveja da menina"

☐ "tornou-se uma jovem de grande beleza e muito querida dos pequenos animais da floresta"

4 Em inglês, a palavra ***cinder*** significa "cinza". Explique oralmente: Por que a menina recebeu o nome **Cinderela**?

QUEM SÃO OS IRMÃOS GRIMM?

Os irmãos Jacob (1785-1863) e Wilhelm Grimm (1786-1859) nasceram em Hanau, na Alemanha.
Foram professores e fizeram muitas pesquisas a respeito da cultura popular alemã.
Percorreram a Alemanha, registrando as histórias contadas por velhos camponeses, pastores, barqueiros e cantores que encontravam pela estrada.
Entre os contos que recolheram estão "Cinderela", "A Bela Adormecida", "Branca de Neve" e "Rapunzel".

Album/akg-images/Fotoarena

5 Que fato novo, ocorrido na cidade, muda a vida de Cinderela?

____

____

____

6 Em todo texto narrativo, os personagens sempre encontram um problema ou um **conflito**, que é o que faz a história caminhar. Depois que o baile da corte foi anunciado na cidade, que problema Cinderela precisa resolver?

____

____

____

7 Nos contos maravilhosos, é comum ocorrerem fatos mágicos, que em geral ajudam o personagem principal a resolver seus problemas. Que fato mágico acontece nessa versão do conto "Cinderela"?

____

____

8 Nos textos que narram histórias, os fatos sempre acontecem em certo tempo e lugar.

a) Responda oralmente: Na sua opinião, quanto tempo dura a história: horas, dias, meses ou anos? Por quê?

b) Em que lugares acontecem os fatos da história?

____

____

9 O príncipe se apaixona por Cinderela assim que a conhece. Que qualidades Cinderela tinha?

____

____

____

____

10 Alguns contos maravilhosos têm final triste. Outros têm final feliz. Como é o final do conto "Cinderela"?

____

A LINGUAGEM DO TEXTO

1 A maior parte dos contos maravilhosos começa com a expressão **Era uma vez...**. Essa expressão dá uma ideia de:

- ◯ tempo ou época bem definida
- ◯ tempo ou época indefinida

2 Releia este trecho do texto:

"Fingiam-se amigas dela apenas diante do padrasto [...]."

a) Responda oralmente: O que significa a palavra **padrasto**?

b) Qual é a palavra, equivalente a **padrasto**, que nomeia a nova mulher do pai de Cinderela? Escreva:

____

3 Releia o trecho:

> "As duas enteadas pediram belos vestidos e joias [...]."

Petra Elster/Arquivo da editora

a) Quem são as enteadas do pai de Cinderela?

____

____

b) Cinderela também é enteada? De quem?

____

4 No trecho "Chorou tanto, tanto, de saudade da mãe", a repetição das palavras **tanto**, **tanto** dá a ideia de que a menina chorou de que forma?

____

TROCANDO IDEIAS

1 As irmãs de criação de Cinderela sentiam muita inveja dela.

a) Você acha que a inveja é um sentimento bom?

b) O que a pessoa pode fazer para evitar a inveja?

2 Por ter ficado viúvo, o pai de Cinderela se casou novamente. Hoje em dia, é comum encontrar pessoas que se casaram pela segunda vez em razão de o primeiro casamento não ter dado certo.

a) Você conhece crianças cujos pais se casaram pela segunda vez? Conte para os colegas.

b) No conto, a madrasta é uma pessoa má. Na vida real, padrastos e madrastas podem ser bons pais ou bons amigos dos enteados? Por quê?

REFLEXÃO SOBRE A LINGUAGEM

O PARÁGRAFO E O TRAVESSÃO NOS DIÁLOGOS

O PARÁGRAFO

No início deste capítulo, você leu o conto da Cinderela.

1. Textos escritos mais longos, como o conto, geralmente são divididos em partes menores, chamadas **parágrafos**. O parágrafo é marcado visualmente por um afastamento entre o texto e a margem esquerda da página. Observe como o conto lido está dividido nas páginas 262, 263 e 264 e conclua: Quantos parágrafos há no texto "Cinderela"? Escreva:

2. Cada parágrafo reúne frases ligadas a uma mesma ideia. Releia este trecho da história:

> "Certa vez, o pai precisou fazer uma longa viagem. Perguntou às três meninas que presentes queriam. As duas enteadas pediram belos vestidos e joias, e a menina pediu que ele trouxesse um ramo da primeira árvore que, na volta, lhe tocasse o chapéu.
>
> Mal o pai saiu de casa, a madrasta e as filhas puseram-se a maltratar a menina. Tomaram-lhe as roupas bonitas, deram-lhe trapos para vestir e exigiram que dali em diante ela fizesse sozinha todo o serviço da casa. A maior parte do tempo, a menina ficava ocupada em cozinhar e dormia na cozinha para não passar frio. Como o fogão era a lenha, ela vivia suja de cinzas e, por isso, a madrasta e as filhas passaram a chamá-la de Cinderela.

Na volta do pai, recebeu dele um galho de aveleira e resolveu plantá-la ao lado do túmulo da mãe. Chorou tanto, tanto, de saudade da mãe, que as lágrimas regaram a muda da planta.

Um pouco depois, o pai morreu e Cinderela ficou inteiramente entregue às maldades da madrasta e das irmãs. Foi obrigada a continuar fazendo todo o serviço da casa e mal tinha o direito de se alimentar. Ainda assim, manteve o bom coração e tornou-se uma jovem de grande beleza e muito querida dos pequenos animais da floresta."

a) Quantos parágrafos há no trecho? Escreva: ☐

b) Sobre o que fala cada um desses parágrafos? Numere os parágrafos do trecho em sequência, começando pelo número 1, e faça a correspondência correta.

Parágrafo 1	A vida de Cinderela depois da morte do pai.
Parágrafo 2	A volta do pai e a saudade da mãe.
Parágrafo 3	A viagem do pai e os pedidos de presentes.
Parágrafo 4	Os maus-tratos sofridos por Cinderela.

3 Como é a letra que inicia todos os parágrafos? Maiúscula ou minúscula?

____

O TRAVESSÃO

Releia este trecho do conto da Cinderela:

"À meia-noite, com receio de que as irmãs e a madrasta a reconhecessem, Cinderela aproveitou um descuido do príncipe e foi embora. Na pressa, ao descer a escadaria do palácio, deixou escapar o sapato do pé esquerdo. O príncipe, que corria atrás da jovem e em vão tentava avistá-la, apanhou o sapatinho de cristal.

Ilustra Cartoon/Arquivo da editora

— Só me casarei com a dona do pé que couber neste sapato — disse ao pai.

No dia seguinte, os criados percorreram todas as casas do reino, experimentando o sapatinho em cada uma das jovens. Na casa de Cinderela, a madrasta só chamou as filhas. Em uma delas, o dedão não entrou no sapatinho; na outra, foi o calcanhar."

1 Quantos parágrafos há no trecho?

2 Um desses parágrafos começa com um sinal de pontuação chamado **travessão** (—). Qual é esse parágrafo? Leia-o em voz alta.

3 Nas histórias, o travessão é usado nos diálogos com a finalidade de introduzir a fala dos personagens.

a) Quem é o personagem que fala no trecho lido?

___

b) Com quem ele fala?

___

4 Troque ideias com os colegas e o professor: Quem fala nos outros parágrafos que não começam com travessão?

DE OLHO NA LEITURA E NA ESCRITA: EMPREGO DE S E SS

Releia os parágrafos que falam sobre o ocorrido depois que as irmãs de Cinderela saíram e sobre a presença da bela e misteriosa moça no baile.

> "Depois de ter passado horas arrumando as malvadas irmãs para o evento e vê-las partir na carruagem junto a madrasta, Cinderela foi até o túmulo da mãe e pôs-se a chorar embaixo da aveleira. De repente, um pássaro branco lançou-lhe do alto da árvore um magnífico vestido, enfeitado de ouro e prata, e sapatinhos de cristal.
>
> No baile, todos pensaram que Cinderela fosse uma princesa estrangeira, tão linda estava. E o príncipe, ao vê-la, veio ao seu encontro, pegou-a pela mão e dançou o tempo todo somente com ela."

1 Como Cinderela se sentiu depois que as irmãs e a madrasta saíram?

___

2 Quem ajudou Cinderela?

___

3 Como Cinderela ficou depois dessa ajuda? Circule a imagem e pinte, no trecho da página ao lado, as palavras do parágrafo que contam como era o vestido dela.

Ilustrações: Ilustra Cartoon/Arquivo da editora

4 Compare estas palavras do parágrafo lido:

passado	princesa	somente

a) Em quais dessas palavras a letra **s** tem o som de "cê"?

____

b) Em qual dessas palavras a letra **s** tem o som de "zê"?

____

c) Identifique no trecho lido:

- outras palavras iniciadas pela letra **s**.

____

- outras palavras que contêm a sequência de letras **ss**.

____

5 Compare estas três palavras, extraídas de outros trechos do conto da Cinderela:

resolveu casar presença

a) Que som a letra **s** tem nessas palavras?

____

b) A letra **s** está entre vogais ou entre consoantes?

____

6 Agora, leia estas duas palavras:

presa pressa

Complete corretamente cada frase a seguir com uma dessas palavras.

- Cinderela saiu correndo do baile, com muita ________________.
- A madrasta e suas filhas deixavam Cinderela ________________ na cozinha da casa.

7 Acrescente um **s** no meio de cada uma das palavras a seguir para formar uma palavra nova. Siga o exemplo:

presa + s = pressa

pose		________________
asa	**+ s =**	________________
aceso		________________

8 Complete e conclua:

- No início de palavras, a letra ______ tem sempre som "cê".
- Entre ______________, a letra **s** tem sempre o som "zê".
- Entre vogais, para que a letra **s** tenha o som "cê", é necessário empregar ______________.

9 Complete o nome das figuras com **S** ou **SS**:

______APO

Ilustra Cartoon/Arquivo da editora

PE______OA

PÊ______EGO

______ABÃO

Ilustrações: Felipe Camêlo/Arquivo da editora

10 Escreva o nome das figuras:

Ilustra Cartoon/Arquivo da editora

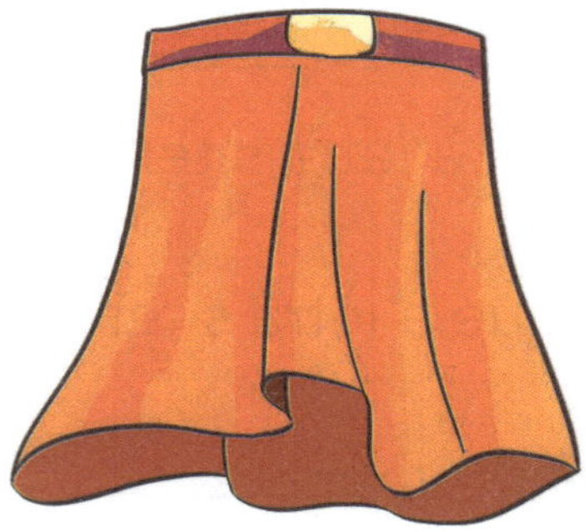

Ilustra Cartoon/Arquivo da editora

Ilustrações: Felipe Camêlo/Arquivo da editora

BRINCANDO COM PALAVRAS

1 As palavras que se encaixam nas lacunas das frases a seguir tiveram suas letras do meio embaralhadas! Você consegue desfazer a bagunça e escrever as palavras corretas? Dicas: a primeira e a última letra estão no lugar certo. Todas as palavras embaralhadas contêm a sequência **ss**.

a) Desde ontem, vocês estão falando sobre esse ______________.

U S T S N A O

b) Nas próximas férias, quero ______________.

E O S S G S O

c) Foi encontrado um ______________ de dinossauro naquela cidade.

Ó I S S F L

d) Sua blusa está do lado ______________.

S E S V A O

e) Minha roupa ainda não está ______________.

D A A S S P A

f) Quem deu esse ______________ alto?

O I B S S A O

2 Complete os trava-línguas com as palavras que estão na carruagem da Cinderela e depois tente falá-los o mais rápido possível.

osamuraisan/Shutterstock

a) Sabia que o ________________ sonolento sabia ________________ sentado?

b) Sete serpentes, seis sucuris e sessenta ________________ saudaram a sábia ________________.

c) Sebastião sapateiro ________________ sorri satisfeito sabendo que a ________________ do ________________ foi consertada.

3 Jogo das iniciais

Qual é a letra inicial do seu primeiro nome? E a letra inicial do seu último nome? Por exemplo, se uma menina se chama Silvana de Campos, as letras iniciais são **s** e **c**.

Escreva as iniciais do seu primeiro e do seu último nome.

____

Agora, junte-se a dois colegas. Cada um deve preparar cinco perguntas para fazer ao outro. As respostas devem começar com as letras iniciais do primeiro e do último nome de quem responde. As respostas não precisam ser verdadeiras.

Por exemplo, no caso da menina chamada Silvana de Campos, se as perguntas fossem:

1. Onde você nasceu?
2. O que você mais gosta de comer?
3. Qual é o nome da sua mãe?
4. Onde você passa férias?
5. Quais são as suas brincadeiras preferidas?

Ilustra Cartoon/Arquivo da editora

Ela poderia responder:

1. Santos, Campinas.
2. Salada, camarão.
3. Silmara Camargo.
4. São Pedro d'Aldeia, Caruaru.
5. Sambar, correr.

Estipulem um tempo para as respostas. Por exemplo, depois de fazer a pergunta, o perguntador pode contar de 1 a 10. Cada resposta certa vale 1 ponto. Quem fizer mais pontos ganha o jogo.

DE OLHO NA ORALIDADE: ESCUTA DE CONTO

Escute a história "Até as princesas soltam pum" e responda às questões a seguir.

1 Quem é o autor dessa história? Marque:

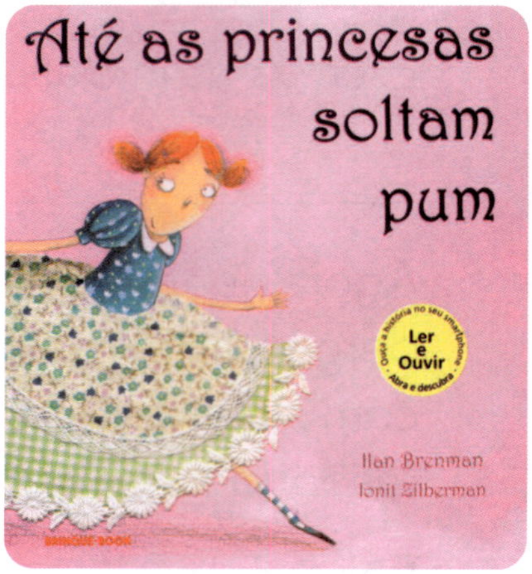

Reprodução/Editora Brinque Book

( ) Mauricio de Sousa

( ) Ilan Brenman

( ) Ziraldo

2 Marque **V** para as informações verdadeiras e **F** para as informações falsas sobre o que acontece na história que você ouviu.

( ) Fabiana conversa com a mãe dela quando chega do *shopping*.

( ) Laura conversa com o pai dela quando chega da escola.

( ) A menina tinha uma dúvida sobre um livro que a professora leu.

( ) A menina tinha uma dúvida sobre uma conversa que teve com os amigos.

3 Os personagens vão buscar uma resposta para a dúvida.

a) Que objeto eles pegam para buscar a resposta?

____

____

b) Faça a correspondência correta:

Primeiro eles vão até	no escritório.
Depois eles se trancam	a biblioteca.

4 Ligue as princesas a seus nomes e circule aquelas que aparecem na história que você ouviu.

Bela Adormecida	Branca de Neve	Bela	Alafiá	Cinderela

Ilustra Cartoon/Arquivo da editora

5 Qual conselho a menina ouve no final da história? Marque:

( ) O mais importante é tapar o nariz para não sentir o cheiro do pum das princesas.

( ) O mais importante é não espalhar o segredo das princesas por aí.

6 Depois de ouvir a história, troque ideias com os colegas e o professor: Você acha que as princesas soltam pum?

PRODUÇÃO DE TEXTO

O CONTO MARAVILHOSO

Você já conhece o conto "Cinderela". Agora, que tal você e os colegas escreverem alguns contos? Quem vai ler esses contos são crianças como você, amigos e familiares.

1. Em grupo, selecione com os colegas as principais cenas do conto "Cinderela". Desenhem as cenas e, embaixo de cada uma delas, escrevam o que está acontecendo. No final, vendo cada cena e lendo o que vocês escreveram, o leitor deverá compreender como é a história de Cinderela.

2. Ouça a narração do conto "O príncipe sapo", que o professor vai apresentar à turma. Depois, em grupo, reescreva o conto com os colegas, usando as palavras de vocês.

Felipe Camêlo/Arquivo da editora

3. Reúna-se novamente com o grupo com o qual você trabalhou no capítulo 1 (página 252) e recontem, agora por escrito, a história que vocês prepararam para apresentar oralmente.

4. Com o auxílio do professor e dos colegas, leia o trecho inicial do conto "Os três porquinhos". Depois, em grupo, criem o final da história. Se vocês não conhecem a história, perguntem ao professor como termina.

Era uma vez, três porquinhos que queriam morar sozinhos. Eles foram até a floresta procurar materiais para construir suas casas, e acharam muitas opções.

— Eu farei uma casa com palha — afirmou o porquinho mais novo.

— Pois eu farei a minha com madeira — disse o porquinho do meio.

E o porquinho mais velho e mais inteligente fez sua casa com tijolos.

Assim que os porquinhos terminaram de construir suas casas, um lobo faminto bateu à porta do porquinho mais novo, mas ele não o deixou entrar. Então, o lobo assoprou tão forte que voou palha para todo lado.

Rapidamente, o porquinho correu para a casa do irmão do meio.

O porquinho do meio abrigou seu irmão, mas logo o lobo bateu à porta de sua casa também. Os porquinhos não o deixaram entrar, e ele, novamente, assoprou muito forte até as tábuas de madeira caírem.

Desesperados, os dois porquinhos foram se abrigar na casa do irmão mais velho.

[...]

(*In*: *Minhas queridas histórias*. Barueri, SP: Ciranda Cultural, 2017. p. 72-76.)

Haso/Shutterstock

PLANEJAMENTO DO TEXTO

- Recontem a história com outras palavras.
- Procurem lembrar os fatos principais, na ordem certa.
- Comecem a história com a expressão **Era uma vez...**.
- Lembrem-se de usar o travessão sempre que quiserem indicar diretamente a fala de um personagem.
- Identifiquem os locais onde se passa a história.
- Usem uma linguagem caprichada, parecida com a dos contos maravilhosos.

REVISÃO E REESCRITA

Antes de concluir seu texto, revise-o, verificando:

- O conto começa com a expressão **Era uma vez...**?
- O texto está claro?
- Todas as partes importantes da história foram mencionadas?
- Os locais onde se passa a história são mencionados?
- As falas diretas dos personagens estão indicadas com travessão?
- A linguagem está caprichada, parecida com a dos contadores de histórias?
- O texto está escrito corretamente, sem erros ortográficos?

Passem o texto a limpo, façam uma ilustração bonita e guardem, pois ele vai compor o livro de contos que vocês vão organizar no final da unidade.

DIVIRTA-SE

Desafio: Você consegue adivinhar as histórias que estão representadas por estes emojis?

- 

- 

- 

- 

Carboxylase/Shutterstock

CAPÍTULO 3

HISTÓRIAS DAQUI E DE LÁ

LEITURA

Reprodução/Editora Peirópolis

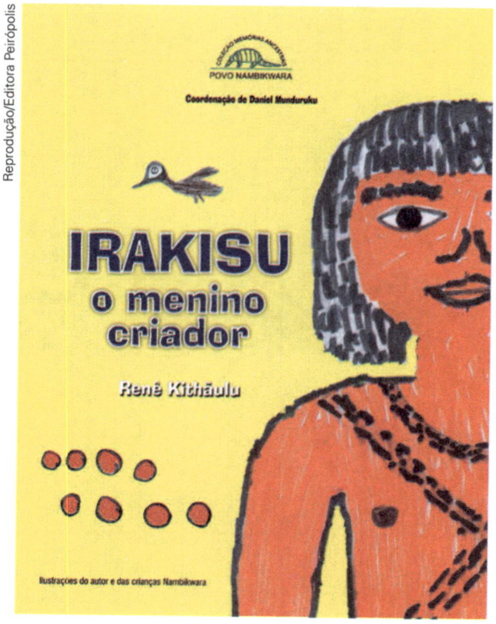

Os contos orais reunidos pelos irmãos Grimm nasceram na Alemanha e se espalharam pelo mundo inteiro. Mas há contos orais que nasceram e nascem em outras partes do mundo. O Brasil, por exemplo, tem contos e lendas próprios.

Reprodução/Editora Companhia das Letrinhas

Muitos deles foram trazidos pelos africanos, enquanto outros foram criados aqui mesmo pelos indígenas que vivem nestas terras desde antes de os portugueses chegarem.

Neste capítulo, você vai conhecer um conto indígena e outro de origem africana.

TEXTO 1

O conto indígena a seguir narra a história de dois pássaros brasileiros: a mãe-da-lua e o bacurau. Leia o texto com o auxílio do professor e dos colegas.

A Mãe-da-Lua e o Bacurau

Filipe Rocha/Arquivo da editora

O Bacurau era um rapaz caipira e muito tímido, gostava muito de caçar à noite. Um dia, andando pela floresta, encontrou uma moça muito bonita, a Mãe-da-Lua.

Iniciou-se um diálogo entre ambos, e conversa vai, conversa vem, ele disse para ela:

— Você quer casar comigo?

— Quero sim. Respondeu a Mãe-da-Lua.

— Pois vamos arrumar. Com trinta dias, nós casamos.

— Tudo bem. Disse a moça.

Por ser um rapaz pobre, teve que tomar um terno emprestado para o casamento. Pediu uma pena emprestada de cada pássaro e, trinta dias depois, estava tudo pronto para o casamento. O Bacurau convidou o veado para fazer o casamento e todos os outros bichos para a festa que seria realizada. O veado declarou-os casados e disse:

— Agora podemos ir para o jantar e logo mais dançaremos um forró.

Quando estavam todos assentados à mesa para o jantar, o macaco, muito gracioso, contou-lhes uma piada e todos riram muito. A Mãe-da-Lua abriu uma boca tão grande para rir, que o noivo Bacurau ficou assombrado e fugiu para a floresta. A noiva, percebendo que o noivo não voltaria mais, resolveu partir para a sua velha morada, onde até hoje canta:

— João foi, foi, foi, foi...

E ele constantemente responde:

— Amanhã eu vou, amanhã eu vou...

Como não devolveu o terno que tomou emprestado dos outros pássaros, não pode mais sair de dia.

(Angthichay, Arariby, Jassanã, Manguahã e Kanátyo. *O povo pataxó e suas histórias.* São Paulo: Global, 2002. p. 14.)

OS SENTIDOS DO TEXTO

1 O conto narra a história do quê? Marque a resposta correta.

◯ A história da amizade entre dois pássaros.

◯ A história de um namoro entre dois pássaros que quase virou casamento.

◯ A história de um casamento que aconteceu entre dois pássaros, mas não deu certo.

QUEM SÃO OS AUTORES DO CONTO?

Angthichay, Arariby, Jassanã, Manguahã e Kanátyo são indígenas e professores da tribo pataxó. Eles mesmos reuniram, escreveram e ilustraram várias histórias que falam da coragem, do orgulho, da tradição e da luta de seu povo pela sobrevivência.

Reprodução/Global Editora

2 Veja como o dicionário define os nomes das aves que são personagens da história. Depois, ligue a definição à figura dos pássaros.

bacurau: ave de plumagem muito macia e voo silencioso; tem hábitos noturnos e alimenta-se de insetos.

SA TEAM/FOTO NATURA/Superstock/Imageplus

mãe-da-lua (também conhecida como **urutau**): ave de cabeça chata e larga, grandes olhos, boca ampla e bico pequeno; tem hábitos noturnos.

Palê Zuppani/Pulsar Imagens

3 No conto, o bacurau e a mãe-da-lua são tratados como **rapaz** e **moça**. Isso ocorre porque, como nas fábulas europeias, em muitas histórias indígenas os bichos também agem, falam e pensam como se fossem gente.

a) Como o bacurau é descrito no conto?

___

___

___

b) E a mãe-da-lua?

___

4 Todos os animais da floresta foram convidados para o casamento. Quem foi o juiz? Circule-o.

Ilustrações: Ilustra Cartoon/Arquivo da editora

5 No jantar, quem contou uma piada?

____

6 Por que o bacurau fugiu para a floresta?

____

____

____

7 Quando o bacurau fugiu para a floresta, o que a mãe-da-lua fez?

____

____

Filipe Rocha/Arquivo da editora

8 No texto, há duas frases que imitam o canto dos dois pássaros da história. Ligue os pássaros ao canto deles.

bacurau	"João foi, foi, foi, foi..."
mãe-da-lua	"Amanhã eu vou, amanhã eu vou..."

9 O bacurau é uma ave que tem hábitos noturnos, isto é, sai para caçar e se alimentar apenas à noite. Responda oralmente: Qual é a explicação que o conto dá para essa característica da ave?

10 Você conhece outro conto ou lenda brasileira que tem como personagens bichos da nossa mata? Se conhece, conte para os colegas.

A LINGUAGEM DO TEXTO

1 No trecho "Iniciou-se um diálogo entre ambos", a expressão **entre ambos** significa:

◯ entre os dois

◯ entre os animais da floresta

2 Observe o diálogo entre o Bacurau e a Mãe-da-Lua:

"— Você quer casar comigo?
— Quero sim. Respondeu a Mãe-da-Lua.
— Pois vamos arrumar. Com trinta dias, nós casamos.
— Tudo bem. Disse a moça."

Giz de Cera/Arquivo da editora

A fala dos personagens é sempre introduzida por um sinal de pontuação. Qual é esse sinal?

____

3 O Bacurau disse à Mãe-da-Lua:

"— Pois vamos arrumar. Com trinta dias, nós casamos."

A palavra **arrumar**, nessa frase, significa:

◯ consertar

◯ desistir

◯ preparar

DE OLHO NA ORALIDADE: LEITURA EXPRESSIVA DE TEXTO NARRATIVO

Junte-se a dois colegas da turma e preparem-se para ler um trecho do conto "A Mãe-da-Lua e o Bacurau". É o trecho que vai da primeira linha até a linha "— Tudo bem. Disse a moça". Um de vocês lê a fala do narrador, outro lê a fala do Bacurau e outro lê a fala da Mãe-da-Lua.

Você sabe o que é uma **capulana**? É um grande lenço estampado e colorido que as mulheres africanas usam. Tem semelhança com a canga que as brasileiras usam na praia, mas serve também para outras finalidades, como carregar crianças nas costas e até se defender de leões e crocodilos.

Jean Galvão/Arquivo da editora

Com o auxílio do professor e dos colegas, leia o seguinte conto oral de Moçambique, na África.

TEXTO 2

Certo dia, três mulheres voltavam com os filhos amarrados às costas e o cesto de roupa lavada à cabeça.

— Rooarr! — rugiu um grande leão do meio do arbusto e saltando para o meio do caminho.

As mulheres ficaram petrificadas ao ver o feroz animal.

Um silêncio tomou conta das três e dos seus filhos.

— Calma! Ninguém se mexa — recomendou a mulher mais velha.

Devagar, foi tirando uma capulana do seu cesto e, à medida que ela abria o pano, ele ia tomando a forma de um balão, que, ao sabor do vento, crescia e se tornava assustador.

O temível leão fixava os olhos nele e rugia cada vez mais forte.

O mágico pano, que ainda continha alguma água, começou a refletir a imagem do leão a rugir cada vez mais forte. Com medo da sua própria imagem, o leão fugiu a sete pés e nunca mais foi visto. Dizem que se mudou para a outra margem do rio, que não é habitada por homens.

(Heloisa Pires Lima e Mário Lemos. *Capulana*: um pano estampado de histórias. São Paulo: Scipione, 2014. p. 12.)

Filipe Rocha/Arquivo da editora

OS SENTIDOS DO TEXTO

1 Três mulheres voltavam com cestos de roupa lavada à cabeça. De onde elas estavam voltando?

____

____

____

2 As mulheres tomaram um susto enorme e ficaram petrificadas.

a) O que assustou tanto as mulheres?

____

b) Que palavra do texto imita o rugido do leão?

____

c) O que significa a palavra **petrificada**, nessa situação?

____

d) Do que as mulheres tinham medo?

____

____

____

____

QUEM SÃO OS AUTORES DO CONTO?

Heloisa Pires Lima nasceu em 1955 em Porto Alegre, no Rio Grande do Sul, e hoje reside em São Paulo. É antropóloga e escritora, especializada em cultura africana. Mário Lemos nasceu em 1978 em Maputo, Moçambique, e é estudante de Sociologia. Em 2003, recebeu prêmios pelas obras *O sorriso* e *Olhos de tangerina*. Heloisa e Mário escreveram juntos, além de *Capulana: um pano estampado de histórias*, o premiado livro *A semente que veio da África*.

Divulgação/Acervo da autora

3 Quem tomou a iniciativa de enfrentar o leão?

____

4 A mulher usou uma capulana para enfrentar o leão. Responda oralmente:

a) O que ela fez com a capulana?

b) Por que o leão fugiu?

DE OLHO NA ORALIDADE: ESCUTA DE LENDA INDÍGENA

Sente-se em círculo com os colegas e ouçam a história que o professor vai contar. O texto foi produzido por crianças da tribo pataxó, da escola indígena Bacumuxá, em Minas Gerais.

A lenda da mandioca

Contam os nossos antepassados que um índio tinha uma linda filha. Todos da aldeia gostavam dela. Algumas índias ficavam com inveja, mas é normal. Ela chamava Mandi. Tinha cabelos longos e pretos, olhos esticados, pele morena.

Então, um dia, Mandi ficou doente, seus pais ficaram preocupados sem saber o que fazer. Não conheciam o que ela tinha, mas mandaram chamar o pajé para vir vê-la.

Quando chegou já era tarde. Mandi não resistiu. Todos da aldeia vieram ver e choraram por sua partida. Mas até hoje acreditam que Mandi não morreu, e está aqui, fazendo parte da nossa cultura. Por Mandi ser uma pessoa boa, que respeitava todos da aldeia, o **cacique** e o **pajé** decidiram enterrar seu corpo dentro de uma oca de religião. Não enterraram fundo, apenas num buraco raso. Após uns dias notaram que havia no lugar do seu corpo, nascendo, uma linda planta. Deixaram a planta crescer com tempo, tiraram-na e tinha raiz (longa, casca morena, e por dentro era branca).

Então o pajé e o cacique reuniram a aldeia e apresentaram a planta. E falaram:

— Aqui está a Mandi. Ela não morreu; nem quis que seu povo passasse fome, pois todos podem provar dessa raiz, que é um delicioso alimento.

Foi aí que deram o nome de Mandioca, porque enterraram Mandi dentro da oca. Por isso deram o nome de Mandioca.

Como eu disse, até hoje a mandioca é da nossa cultura e representa muita coisa boa para nós, índios; porque é dela que fazemos **cauim**, farinha, **beiju**, tapioca, **carimã**, e comemos sua raiz.

Queremos que não acreditem que seja apenas uma lenda, mas que é uma realidade, porque realmente a mandioca existe.

(Kanátyo, Poniohom e Jassanã Pataxó. *Cada dia é uma história*. Brasília: SEF/MEC/SEE-MC, 2011. p. 37. Disponível em: www.dominiopublico.gov.br/download/texto/me001793.pdf. Acesso em: 21/12/2020. Texto adaptado.)

Ilustra Cartoon/Arquivo da editora

beiju: um tipo de panqueca ou crepe seco feito com polvilho (uma farinha muito fina extraída da mandioca).
cacique: chefe indígena.
carimã: uma espécie de mingau feito com farinha de mandioca que se dá às crianças; bolo que se faz com farinha de mandioca.
cauim: bebida alcoólica preparada com mandioca cozida e fermentada.
pajé: chefe espiritual entre os indígenas.

EXPRESSÃO ORAL

1 Qual trecho do texto mostra que essa história é contada oralmente entre os índios?

- ◯ "Contam os nossos antepassados"
- ◯ "Todos da aldeia gostavam dela"
- ◯ "Então, um dia, Mandi ficou doente"
- ◯ "Foi aí que deram o nome de Mandioca"

Responda oralmente às perguntas que o professor vai fazer.

2 A história conta como surgiu na floresta um alimento que é muito consumido no Brasil. Que alimento é esse?

3 A bela índia Mandi morreu ainda jovem.

a) Onde ela foi enterrada?

b) Por que a planta que nasceu no local onde Mandi foi enterrada se chama mandioca?

Ilustra Cartoon/Arquivo da editora

4 Por que a mandioca é um alimento importante para os indígenas brasileiros?

5 Os indígenas consideram a lenda da mandioca uma história falsa ou verdadeira? Por quê?

REFLEXÃO SOBRE A LINGUAGEM

VARIEDADES LINGUÍSTICAS

A língua oficial do Brasil é o português. Mas você sabia que, além do português, no Brasil se falam outras línguas? E que, entre elas, há mais de 150 línguas indígenas que ainda hoje são faladas por aqui? Leia a seguir um trecho do livro *Kunumi Guarani*, que o guarani Werá Jeguaka Mirim escreveu quando tinha 10 anos de idade.

Reprodução/Editora Panda Books

Eu sou um kunumi, e meu povo é guarani.

Aqui falamos nossa própria língua, o guarani. Mas quando crescemos, aprendemos o português também.

[...]

Nós temos escola dentro da própria aldeia.

O professor é daqui mesmo, e isso ajuda muito porque quando iniciamos a escola ainda temos dificuldade de entender a língua portuguesa. Daí ele fala em guarani com a gente.

Eu estudo à tarde, por isso de manhã aproveito para passear pela aldeia e brincar com os outros kunumi.

(Werá Jeguaka Mirim. *Kunumi Guarani*. São Paulo: Panda Books, 2014. p. 4, 5, 18, 19.)

1. Que outra língua é falada pelo narrador, além do português?

____

2. Onde ele aprende o português?

____

3 **Kunumi** é uma palavra da língua guarani. Releia o texto e indique, entre as opções a seguir, o que ela significa em português:

◯ menino ◯ adulto ◯ idoso

4 Além das várias línguas faladas no Brasil, o português é falado de modos diferentes. Leia as palavras a seguir.

piá guri menino moleque
garoto pirralho pequeno

a) Você conhece todas essas palavras?

____

b) Todas elas podem ter o mesmo sentido, dependendo da situação em que são empregadas. Qual delas você costuma usar?

____

5 Agora leia estas palavras, que antigamente eram usadas com frequência no Brasil:

sacripanta alcunha lorota petiz

a) Você conhece alguma delas? Conte para os colegas.

b) Leia as frases a seguir com essas palavras:

- Minha gata se chama Rosa, mas atende pela **alcunha** de Penélope.
- O **petiz** pediu ao pai que ficasse com ele.
- Mas ele é mesmo um **sacripanta**!
- Puxa vida, quanta **lorota**!

Troque ideias com os colegas e o professor e descubra qual é o significado de cada uma das palavras. Escreva:

EZ-Stock Studio/Shutterstock

- Enganador, pessoa que age mal de propósito:

____

- Mentira, conversa mole, conversa fiada:

____

- Menino, garoto, guri:

____

- Apelido, palavra usada no lugar ou junto ao nome de uma pessoa:

____

c) Conclua: Qual dessas palavras tem o mesmo sentido das palavras analisadas por você na questão 4?

____

Assim como Werá Jeguaka Mirim conta em seu livro, desde pequenos, nós aprendemos a falar nossa língua materna em casa, com a nossa família. Quando passamos a ter contato com outras pessoas, na rua, na escola, no bairro, notamos que nem todos falam como nós. As pessoas falam de maneiras diferentes por pertencerem a outras famílias ou por virem de outros lugares, de outras regiões do Brasil ou do mundo.

As maneiras diferentes de falar a mesma língua são chamadas de **variedades linguísticas**.

Ao resolver as questões anteriores, você viu que, dependendo da região do país e da idade dos falantes, pode haver diferentes palavras para nomear uma mesma coisa. E, no capítulo anterior, quando estudamos o emprego das vogais **e**/**i**, **o**/**u**, você percebeu que também existem diferenças entre o jeito de falar e o de escrever. Por exemplo, em quase todo o país, os brasileiros falam **qui** e **mi**, mas escrevemos essas palavras assim: **que** e **me**.

Além das muitas variedades linguísticas que há em nosso país, existe a **norma-padrão**.

Norma-padrão é o conjunto de normas ou leis que orientam o uso da língua.

As normas ou leis da norma-padrão são ensinadas nas escolas e podem ser encontradas nos dicionários e nas gramáticas. O português usado em livros, revistas e jornais em geral segue a norma-padrão.

6 Nos grupos de palavras a seguir estão listados nomes diferentes que uma mesma coisa pode ter. Em cada um, passe um traço embaixo da palavra que você usa.

a) birilo — grampo — ramona

b) ri-ri — fecho ecler — zíper

c) mandioca — macaxeira — aipim

d) abóbora — jerimum

e) mexerica — laranja-cravo — bergamota

f) calçada — passeio

g) bolacha — biscoito

h) quebra-molas — lombada — tartaruga

i) semáforo — sinaleiro — farol

DE OLHO NA LEITURA E NA ESCRITA: EMPREGO DE R E RR

Leia a seguir um trecho do poema "Caminho de rio", da escritora indígena Márcia Wayna Kambeba.

Caminho de rio

Caminho de rio, caminho de rio.
Desliza macio, caminho de rio.

A floresta canta sem parar,
Louvando o rio a passar,
As folhas caem para olhar,
O velho sonhador que se arrasta para o mar.
[...]
Sem intervalo e nem parada,
Derruba barrancos e galhadas.
[...]
Caminho de rio, caminho de rio.
Vou seguindo na remada. Caminho de rio!

(Márcia Wayna Kambeba. *O lugar do saber*. São Leopoldo: Casa Leiria, 2020. p. 53.)

Alexandre Cappi/Pulsar Imagens

Rio desaguando no mar.

1 O poema lido fala sobre:

( ) o caminho de uma estrada na beira do rio.

( ) o caminho que o rio percorre até chegar ao mar.

2 Troque ideias com os colegas e o professor e responda oralmente:

a) O que quer dizer o verso "A floresta canta sem parar"?

b) Quem é o velho sonhador que se arrasta para o mar?

c) Quem vai seguindo na remada?

3 No poema, foram empregadas várias palavras com a letra **r**. Faça um círculo nas palavras em que essa letra aparece.

4 Encoste os dedos da mão na garganta e pronuncie devagar estas palavras:

RIO	ARRASTA	DERRUBA	REMADA

a) Nessas palavras, **R** e **RR** vibram forte ou fraco na garganta?

____

b) Em **rio** e **remada**, a letra **R** está entre vogais ou no início das palavras?

____

c) Em **arrasta** e **derruba**, as letras **RR** estão entre vogais ou no início das palavras?

____

d) Copie outra palavra do poema que tem a sequência **RR**. Nela as letras **RR** estão entre vogais ou no início?

____

5 Conclua:

- Quando o som "rê" é vibrante e forte, o que empregamos:

  a) no início da palavra?

  ____

  b) entre duas vogais?

  ____

6 Leia em voz alta as palavras a seguir e observe o emprego da letra **r**.

passar	intervalo
sonhador	mar

a) Separe as sílabas das palavras e responda: Qual é a posição do **r** nas sílabas?

____

____

____

b) Em alguma palavra houve emprego de **rr**?

( ) sim ( ) não

c) A que conclusão você chegou sobre o emprego de **r** ou **rr** em final de sílaba?

____

____

7 Pronuncie rápido e em voz alta este trava-língua:

A JARRA ARRANHA A ARANHA,
A ARANHA ARRANHA A JARRA.

Agora ponha os dedos de uma das mãos sobre a garganta e pronuncie lentamente estas duas palavras:

Ilustrações: Felipe Camêlo/Arquivo da editora

ARANHA ARRANHA

a) Na escrita, qual é a única diferença entre as palavras?

____

____

b) Nas duas palavras, o **R** e o **RR** estão entre que tipo de letra: vogais ou consoantes?

____

c) Qual vibra mais forte na garganta: o **R** de **aranha** ou o **RR** de **arranha**?

____

d) Qual vibra no céu da boca: o **R** de **aranha** ou o **RR** de **arranha**?

____

e) Copie, entre as palavras que você circulou no poema "Caminho de rio", aquelas com a mesma pronúncia do **R** de **aranha**.

____

____

8 Forme novas palavras, eliminando um **R**. Veja o exemplo:

CARRINHO – R = CARINHO
MURRO – R =
CORRA – R =
MORRO – R =
VARRO – R =

9 Observe as palavras do quadro acima e conclua:

a) Entre vogais, qual é o som que um único **R** tem?

◯ o som "rê" de **muro**

◯ o som "rê" de **murro**

b) Entre vogais, qual é o som que **RR** tem?

◯ o som "rê" de **muro**

◯ o som "rê" de **murro**

c) Entre vogais, empregamos **R** quando o som "rê" é fraco ou quando ele é forte?

____

d) Entre vogais, empregamos **RR** quando o som "rê" é fraco ou quando ele é forte?

____

10 Você já viu que o **R** pode iniciar e terminar uma sílaba. Observe, agora, esta palavra:

BRIN — CO

a) Em que posição a letra **R** está na sílaba?

( ) entre vogais

( ) entre consoantes

( ) entre uma consoante e uma vogal

b) Veja a seguir os títulos de algumas lendas indígenas. Pinte as palavras dos títulos nas quais a letra **R** está na mesma posição que na palavra **brinco**.

- O Curupira
- A galinha grande
- Iara ou Uiara
- A princesa do lago
- O velho da praia
- A vitória-régia

11 Em volta das ocas estão algumas palavras com a letra **r** empregadas no conto "A Mãe-da-Lua e o Bacurau" e no texto "A lenda da mandioca", que você leu neste capítulo. Ligue cada palavra à oca correspondente, de acordo com a posição das letras **r** ou **rr**.

conversa | raiz | gracioso | morreu | cultura

Ilustra Cartoon/Arquivo da editora

rapaz | forró | branca | lugar | morena

BRINCANDO COM PALAVRAS

1 Tente encontrar as respostas destas adivinhas, sabendo que em cada resposta há um ou mais **R**/**RR**, em diferentes posições.

a) O que é, o que é,
Que pode ser de ferro,
de gelo e de chocolate?

A ________RR_____.

b) O que é, o que é,
Que nunca passa,
mas sempre está na frente?

Ilustrações: Ilustra Cartoon/Arquivo da editora

O ________________R_____.

c) O que é, o que é,
Que corre em volta do pasto
inteiro sem se mexer?

A ________R________.

d) O que é, o que é,
Que se pode segurar sem usar as mãos?

A R________________R______________.

e) Quem é o namorado da galinha caipira?

O ____R______________ __________R________.

2 Você sabia que há povos indígenas em todo o Brasil? Leia o texto a seguir para saber mais sobre esse assunto e encontre as palavras destacadas no diagrama.

[...]

Em quase todos os estados **brasileiros** existem **terras** indígenas **reconhecidas** — exceto no Piauí. Mas os índios não vivem apenas nas terras indígenas.

Há comunidades indígenas circulando por beiradões de **rios**, em cidades amazônicas e até em algumas capitais brasileiras. [...]

Frontpage/Shutterstock

Para os índios, o lugar em que se vive não é apenas um **cenário**, é um **território**: um espaço totalmente conectado com um jeito **tradicional** de estar no mundo, conectado com suas **culturas**. [...]

(Disponível em: https://mirim.org/pt-br/onde-estao. Acesso em: 20/12/2020.)

A	N	O	B	R	A	S	I	L	E	I	R	O	S	M	E	N	A
C	F	E	R	Q	P	I	B	V	S	M	I	D	R	P	E	T	Q
E	I	N	M	A	G	N	U	A	Q	Z	O	N	A	G	H	H	O
N	S	A	J	F	S	O	D	S	O	B	S	X	F	M	S	Z	P
Á	I	V	G	U	X	I	H	L	T	F	X	H	X	E	R	U	C
R	U	O	T	R	A	D	I	C	I	O	N	A	L	M	V	N	U
I	R	H	B	L	M	C	F	O	G	Q	U	C	I	J	C	I	L
O	M	A	V	B	A	B	U	R	A	S	Z	A	L	B	B	U	T
E	J	P	G	F	J	F	B	G	T	D	J	V	D	O	P	R	U
M	R	E	C	O	N	H	E	C	I	D	A	S	U	C	A	X	R
R	O	L	E	N	U	T	S	X	N	U	O	G	B	E	M	I	A
A	Z	I	B	Z	E	D	S	E	S	Q	D	T	E	R	R	A	S
T	E	R	R	I	T	Ó	R	I	O	L	A	I	N	R	A	B	I

PRODUÇÃO DE TEXTO

INDICAÇÃO DE LEITURA EM VÍDEO

Você vai ler a seguir, com os colegas e o professor, uma dica de leitura dada por Daniel Munduruku, um escritor indígena muito conhecido no Brasil, extraída de um vídeo.

Reprodução/YouTube

Olá, amigos! Bem-vindos para mais uma dica de leitura. Minha dica desta semana vai para o livro do poeta Tiago Hakiy, *O canto do uirapuru: uma história de amor verdadeiro*. Quem é que não gosta de uma boa história de amor, não é verdade? Por isso, eu estou indicando pra vocês essa leitura, porque ela me encantou demais. O jeito de Tiago Hakiy recontar uma história tantas vezes já contada é surpreendente. [...] Ele usa uma forma muito ancestral de contar a história e consegue manter essa [...] fala ancestral também na maneira escrita. Eu quero que vocês escutem um trecho dessa excelente obra que foi [...] publicada pela Formato Editorial e tem as ilustrações de Taísa Borges, né, uma grande ilustradora brasileira que tem nos surpreendido cada vez mais com suas lindas ilustrações. Vamos ao trecho:

> "Naquele tempo vivia em nossa aldeia um belo e jovem casal, Waciry e Iacy May. Eles tinham se casado recentemente e viviam desfrutando dos bons e encantadores frutos da paixão. Ele gostava de fazer todas as vontades de Iacy [...] pegava os pássaros na floresta, para das penas fazer os colares e brincos que embelezavam ainda mais Iacy May. E ela retribuía todos os agrados de Waciry: fazia seu prato predileto

que era tatu assado e no café da manhã, beiju de tapioca. [...] Uma manhã, Iacy sentiu vontade de comer jaraqui assado e resolveu pedir para seu amado Waciry para que fosse atrás dessa iguaria. Waciry mais que depressa pegou suas flechas e seu arco de paxiúba [...] e ele saiu caminhando em busca do desejo de Iacy."

O que será que vai acontecer logo em seguida? Qual a aventura que esse amor vai atravessar para se eternizar? Confira, continue a leitura desse belo livro do meu amigo Tiago Hakiy e façam com ele e comigo essa viagem maravilhosa nos caminhos de um amor verdadeiro. Até a próxima!

(Trecho transcrito de um vídeo do canal de Daniel Munduruku. Disponível em: https://www.youtube.com/watch?v=LsWFVJXTJcM. Acesso em: 20/12/2020.)

1 O título desse vídeo é *Daniel Munduruku indica... O canto do uirapuru*. Responda oralmente:

a) Qual é o objetivo desse vídeo?

b) Você já viu algum vídeo desse tipo na internet? Conte para os colegas.

2 Daniel Munduruku dá algumas informações importantes sobre o livro, como o título, o nome do autor, da ilustradora, da editora.

a) Escreva o nome:

- do autor: ____________________
- da ilustradora: ____________________
- da editora: ____________________

Troque ideias com os colegas e o professor e responda oralmente:

b) Por que essas informações são importantes?

c) Que outras informações como essas ele poderia dar sobre o livro?

3 Releia este trecho da fala de Daniel Munduruku:

> "O jeito de Tiago Hakiy recontar uma história tantas vezes já contada é surpreendente. [...] Ele usa uma forma muito ancestral de contar a história e consegue manter essa [...] fala ancestral também na maneira escrita."

O uso das palavras **surpreendente** e **ancestral** para caracterizar a forma do autor de contar a história indica que:

( ) Daniel Munduruku ficou amedrontado porque Tiago Hakiy contou a história de uma forma muito assustadora.

( ) Daniel Munduruku ficou surpreso porque Tiago Hakiy conseguiu resgatar a forma dos antepassados indígenas de contar a história.

4 Ele não fala só sobre o livro, mas também sobre o autor e sobre a ilustradora. Marque com a letra **A** o trecho em que ele fala do autor, com a letra **I** o trecho em que ele fala da ilustradora e com a letra **L** o trecho em que ele fala do livro.

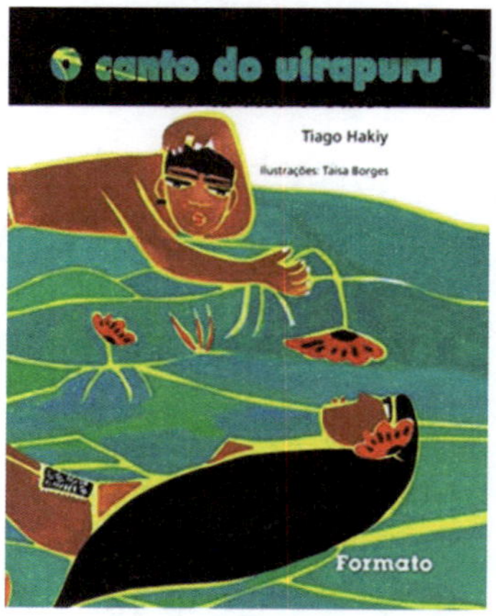

Reprodução/Editora Formato

( ) "uma grande ilustradora brasileira"

( ) "usa uma forma muito ancestral de contar a história e consegue manter essa [...] fala ancestral também na maneira escrita."

( ) "essa viagem maravilhosa nos caminhos de um amor verdadeiro."

5 Releia este trecho da fala de Daniel Munduruku:

"O que será que vai acontecer logo em seguida? Qual a aventura que esse amor vai atravessar para se eternizar? Confira, continue a leitura desse belo livro do meu amigo Tiago Hakiy"

a) Pinte de **vermelho** o trecho em que ele fala sobre o assunto do livro.

b) Pinte de **azul** o trecho em que ele recomenda a leitura do livro.

6 Agora, releia um trecho da história lido por Daniel Munduruku no vídeo:

"E ela retribuía todos os agrados de Waciry: fazia seu prato predileto que era tatu assado e no café da manhã, **beiju de tapioca**. [...] Uma manhã, Iacy sentiu vontade de comer **jaraqui** assado e resolveu pedir para seu amado Waciry para que fosse atrás dessa iguaria. Waciry mais que depressa pegou suas flechas e seu arco de **paxiúba** [...] e ele saiu caminhando em busca do desejo de Iacy."

Ligue as palavras e seus significados:

beiju de tapioca	árvore do tipo das palmeiras
jaraqui	massa de mandioca assada
paxiúba	espécie de peixe

AGORA É A SUA VEZ

Você assistiu a um vídeo no qual o escritor indígena Daniel Munduruku indica um livro. Ao longo de toda esta unidade, você e os colegas leram diversos contos. Que tal vocês também fazerem vídeos indicando os contos de que mais gostaram para serem exibidos aos convidados no dia do lançamento do livro da turma?

Relembre todos os contos que você leu: pode ser um dos contos que você estudou neste livro, algum outro que você leu com o professor ou com a sua família ou, ainda, um dos contos produzidos pelos colegas no capítulo anterior. Para fazer o seu vídeo, siga estes passos:

PLANEJAMENTO DO VÍDEO

- Escolha um dos contos de que você mais gostou.
- Identifique as características técnicas do conto: o título do livro que você leu, o autor dele, o ilustrador e a editora que o publicou.
- Releia o conto, anotando algumas partes da história e os personagens que mais chamaram a sua atenção.
- Pense no que esse conto trouxe de bom para você e por que você gostou tanto dele.
- Se quiser, selecione um trecho pequeno do texto para ler no seu vídeo.
- Elabore uma recomendação fazendo um convite à leitura, dizendo por que você acha que as pessoas deveriam ler esse conto.

GRAVAÇÃO

Ao gravar seu vídeo, esteja atento aos seguintes pontos:

- Procure um lugar silencioso e, se possível, use um microfone ligado ao aparelho de gravação.
- Repasse suas anotações e a ordem em que você vai falar cada parte para não esquecer nada.
- Tenha em mãos o livro para mostrar onde você leu o conto.
- Faça alguma saudação ao público e apresente o que você pretende fazer no vídeo.

- Fale pausadamente, com um tom de voz audível.
- Olhe fixamente para a câmera, imaginando ver o público do outro lado.
- Mantenha uma postura natural do corpo, sem fazer gestos ou movimentos de cabeça exagerados.
- Se você optou por ler um trecho, verifique se ele é pequeno e se sua leitura está bem treinada.
- Não se esqueça de se despedir antes de encerrar o vídeo.

REVISÃO DO VÍDEO

Depois de gravar seu vídeo, revise-o, verificando:

- Você falou de forma clara e pausada?
- A sua expressão corporal ficou boa?
- O som ambiente e o seu tom de voz ficaram bons?
- Você falou sobre todos os tópicos essenciais: características técnicas do conto/livro; partes da história e personagens de que você mais gostou, o que você acha que ele tem de bom; fez um convite à leitura?
- A sua leitura ficou boa, caso você tenha optado por ler um trecho?

Se o resultado não ficou bom, refaça essa parte.

DIVIRTA-SE

© Armandinho, de Alexandre Beck/Acervo do cartunista

(Disponível em: https://tirasarmandinho.tumblr.com/post/163269348904/tirinha-original. Acesso em: 21/12/2020.)

OFICINA DE CRIAÇÃO

PROJETO: QUEM CONTA UM CONTO AUMENTA UM PONTO

Para encerrar as atividades desta unidade, você vai reunir os textos produzidos com os colegas em um livro de contos. Além disso, vai organizar com a turma um evento de lançamento do livro de vocês!

1. REUNINDO OS TEXTOS

Reúnam os contos que vocês produziram no capítulo 2: os desenhos das principais cenas do conto "Cinderela", a reescrita do conto "O príncipe sapo", o final de "Os três porquinhos" e a escrita do conto que vocês apresentaram oralmente no capítulo 1.

Decidam como farão a divisão dos textos dentro do livro, considerando todo o material: diferentes versões de uma mesma história podem ser agrupadas, histórias produzidas pelo mesmo grupo podem ser apresentadas em conjunto, entre outras possibilidades. Vejam se é necessário passar os textos a limpo. Se quiserem, podem fazer novas ilustrações, digitar os textos e, com o auxílio de um programa de edição, diagramar e inserir as imagens. Se necessário, peçam ajuda ao professor de Informática ou Robótica da escola ou a um adulto.

Giz de Cera/Arquivo da editora

2. EDITANDO A CAPA E MONTANDO O LIVRO

Reúnam os desenhos que vocês produziram no capítulo 1 e decidam quais podem ser utilizados para ilustrar as histórias no interior do livro e quais devem compor uma montagem para a produção da capa do livro. Se julgarem conveniente, façam uma votação para escolher os desenhos da capa.

Além dos desenhos, vocês precisam escolher um título para o livro. Pode ser **Quem conta um conto aumenta um ponto** ou outro que vocês preferirem.

Tomadas essas decisões, fotografem ou escaneiem o desenho, façam os recortes e montem a capa no computador. Se necessário, peçam ajuda ao professor de Informática ou Robótica da escola ou a um adulto. Além do título, coloquem o nome dos autores e dos ilustradores (por exemplo: Alunos do 2º ano A).

Juntem a capa aos textos anteriormente reunidos e decidam, com o professor, se vão grampear ou se vão encadernar, se farão mais de uma cópia, etc.

Giz de Cera/Arquivo da editora

3. ORGANIZANDO O EVENTO E CONVIDANDO O PÚBLICO

Escolham um dia, um horário e um lugar para fazer o lançamento do livro. Pode ser na sala de aula, na biblioteca, no pátio ou no auditório da escola. Pode ser em um dia comum de aula ou em um dia e um horário especiais, só para o evento. Pensem no público que vão convidar: apenas alunos, professores e funcionários ou também as famílias de vocês.

Vocês podem fazer cartazes para afixar em diferentes pontos da escola, convidando todos para o evento, ou podem gravar um convite oral ou em vídeo para compartilhar por aplicativo de mensagem ou por outros canais digitais da escola. Podem, ainda, fazer convites impressos para enviar às famílias de vocês. Em todos os casos, o convite deve ter nome, local, data e horário do evento.

Contação de histórias

Planejem, dentro do evento, um momento de contação de histórias que vocês organizaram e ensaiaram em grupos no capítulo 1.

Rido/Shutterstock

4. O LIVRO, A GRANDE ESTRELA!

Montem um cenário especial para o lugar onde o livro será exposto. Se houver mais de uma cópia, vocês podem autografar os exemplares dos convidados. Façam cartazes e montem painéis para enfeitar o espaço com a chamada "Venha conhecer nossos contos! Quem conta um conto aumenta um ponto" ou outra que preferirem. Montem também um painel bem bonito e exponham os desenhos originais que vocês fizeram no capítulo 1 e que foram usados na ilustração dos contos e na composição da capa do livro.

Quem indica?

Reúnam os vídeos que vocês gravaram com indicações dos contos de que vocês mais gostam para exibir no dia do lançamento do livro.
Vocês podem, ainda, pedir a professores e familiares que leiam o livro de vocês e que também façam vídeos recomendando a leitura dele.

Giz de Cera/Arquivo da editora

BIBLIOGRAFIA

- BAGNO, Marcos. *Nada na língua é por acaso*: por uma pedagogia da variação linguística. São Paulo: Parábola, 2007.
- BAGNO, Marcos. *Preconceito linguístico*. 2. ed. São Paulo: Loyola, 1999.
- BAKHTIN, Mikhail. *Marxismo e filosofia da linguagem*. São Paulo: Hucitec, 1979.
- BAKHTIN, Mikhail. Os gêneros do discurso. *In*: BAKHTIN, Mikhail. *Estética da criação verbal*. 2. ed. São Paulo: Martins Fontes, 1997.
- BATISTA, Antônio Augusto G. *Aula de português*. São Paulo: Martins Fontes, 2001.
- BECHARA, Evanildo. *Moderna gramática portuguesa*. 37. ed. Rio de Janeiro: Lucerna, 2004.
- BRAIT, Beth (org.). *Bakhtin*: conceitos-chave. São Paulo: Contexto, 2005.
- BRANDÃO, Helena Nagamine (org.). *Gêneros do discurso na escola*. São Paulo: Cortez, 2000. v. 5.
- BRASIL. Secretaria de Educação Fundamental. *Parâmetros Curriculares Nacionais*: língua portuguesa. Brasília, DF: MEC/SEF, 1997.
- BRONCKART, Jean-Paul. *Atividade de linguagem, textos e discursos*. São Paulo: Educ, 1999.
- BUNZEN, Clecio; MENDONÇA, Márcia (org.). *Português no Ensino Médio e formação do professor*. São Paulo: Parábola, 2006.
- COSCARELLI, Carla V. (org.). *Tecnologias para aprender*. São Paulo: Parábola, 2016.
- DIONISIO, Angela P.; MACHADO, Anna R.; BEZERRA, Maria A. *Gêneros textuais & Ensino*. Rio de Janeiro: Lucerna, 2002.
- FÁVERO, Leonor; KOCH, Ingedore. *Linguística textual*. 2. ed. São Paulo: Cortez, 1988.
- ILARI, Rodolfo. *Introdução à semântica*: brincando com a gramática. São Paulo: Contexto, 2001.
- ILARI, Rodolfo. *Introdução ao estudo do léxico*: brincando com as palavras. São Paulo: Contexto, 2002.
- ILARI, Rodolfo; GERALDI, J. W. *Semântica*. 3. ed. São Paulo: Ática, 1987.
- ILARI, Rodolfo; BASSO, Renato. *O português da gente*: a língua que estudamos, a língua que falamos. São Paulo: Contexto, 2006.
- KLEIMAN, Angela B.; MORAES, Silvia E. *Leitura e interdisciplinaridade*. Campinas: Mercado de Letras, 1999.
- KLEIMAN, Angela B.; SEPULVEDA, C. *Oficina de gramática*: metalinguagem para principiantes. Campinas: Pontes, 2012.
- KOCH, Ingedore Villaça. *O texto e a construção dos sentidos*. 9. ed. São Paulo: Contexto, 2008.
- KOCH, Ingedore Villaça; TRAVAGLIA, Luiz C. *A coerência textual*. São Paulo: Contexto, 1991.
- KOCH, Ingedore Villaça; TRAVAGLIA, Luiz C. *Texto e coerência*. 4. ed. São Paulo: Cortez, 1995.
- MAINGUENAU. *Análise de textos de comunicação*. São Paulo: Cortez, 2001.
- MARCUSCHI, Luiz Antônio; XAVIER, Antônio Carlos. *Hipertexto e gêneros digitais*: novas formas de construção do sentido. Rio de Janeiro: Lucerna, 2004.
- MORAIS, Artur Gomes de. *Ortografia*: ensinar e aprender. 4. ed. São Paulo: Ática, 2003.
- NEVES, Maria Helena Moura. *Gramática de usos do português*. São Paulo: Ed. da Unesp, 2000.
- NEVES, Maria Helena Moura. *Guia de uso do português*: confrontando regras e usos. São Paulo: Ed. da Unesp, 2003.
- PERINI, Mário. *A gramática descritiva do português*. 2. ed. São Paulo: Ática, 1996.
- PERRENOUD, Philippe. *Construir as competências desde a escola*. Porto Alegre: Artmed, 1999.
- ROJO, Roxane (org.). *A prática de linguagem em sala de aula*: praticando os PCNs. São Paulo: Educ; Campinas: Mercado de Letras, 2000.
- SCHNEUWLY, Bernard; DOLZ, Joaquim. *Gêneros orais e escritos na escola*. Tradução de Roxane Rojo e Glaís Sales Cordeiro. Campinas: Mercado de Letras, 2004.
- SOLÉ, Isabel. *Estratégias de leitura*. 6. ed. Porto Alegre: Artmed, 1998.
- TRAVAGLIA, Luiz Carlos. *Gramática*: ensino plural. São Paulo: Cortez, 2003.
- TRAVAGLIA, Luiz Carlos. *Gramática e interação*: uma proposta para o ensino de gramática no 1º e 2º graus. São Paulo: Cortez, 1996.
- VYGOTSKY, L. S. *Pensamento e linguagem*. São Paulo: Martins Fontes, 1993.

Enquete: Nosso gosto musical

Nome do entrevistador:

Nome do entrevistado:

1. **Você gosta de ouvir música?** ◯ Sim ◯ Não

2. **Quais são os lugares onde você costuma ouvir música?**

   ◯ Em casa ◯ No carro ◯ Outro. Qual? ______

3. **Você já foi a algum *show* musical?** ◯ Sim ◯ Não

4. **Qual é a sua banda ou cantor(a) favorito(a)?**

   ______

5. **Você sabe tocar algum instrumento musical?**

   ◯ Sim. Qual? ______ ◯ Não

6. **Qual (outro) instrumento você gostaria de aprender a tocar?**

   ______

Outras questões:

______

______

______

______

hana honoka/Shutterstock

A	B	C
D	E	F
G	H	I
J	L	M
N	O	P

A A A

A A A

A A A

E E E

E E E

Q	R	S
T	U	V
X	Z	X
V	U	T
S	R	Q

E E E

I I I

I I I

I I I

O O O

P	O	N
M	L	J
I	H	G
F	E	D
C	B	A

O O O

O O O

U U U

U U U

K W Y

Ilustrações: Ilustra Cartoon/Arquivo da editora

Ilustrações: Ilustra Cartoon/Arquivo da editora

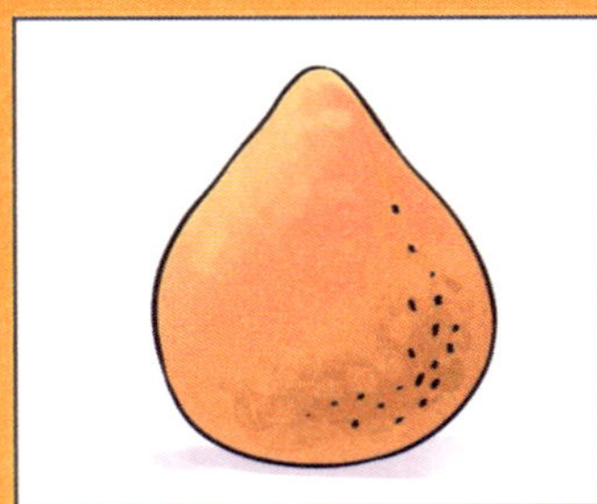

Ilustrações: Ilustra Cartoon/Arquivo da editora

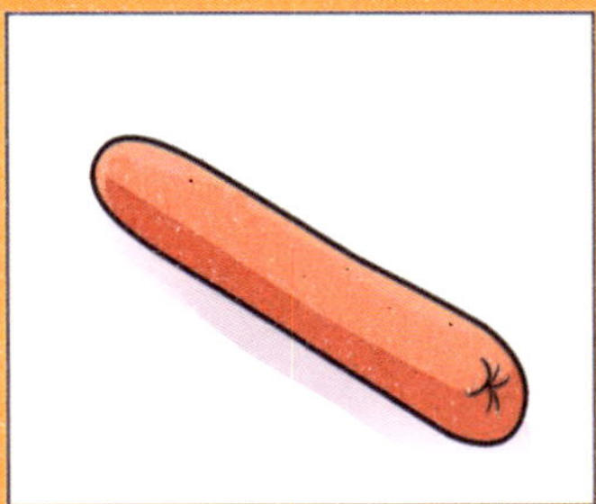

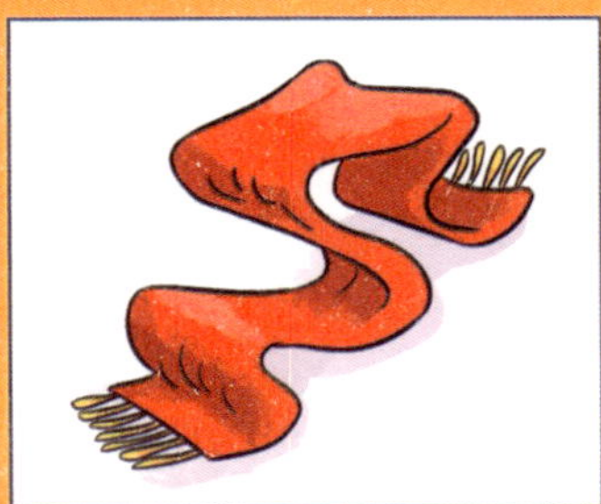

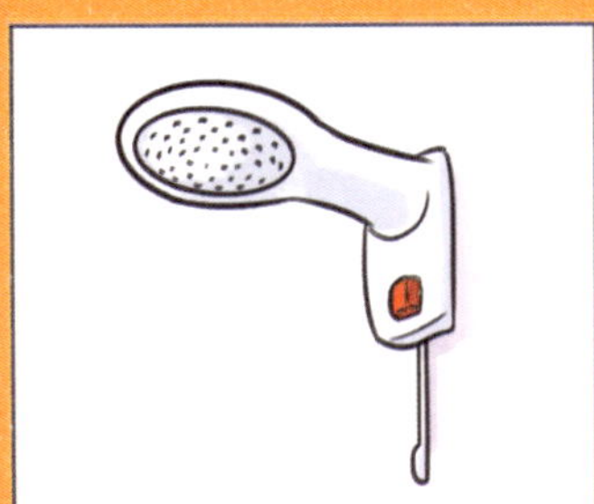

OBJETO

ANIMAL

PESSOA

BRINCADEIRA

PERSONAGEM